世界之心看歐洲

滿謙法師

文殊菩薩有言：「遇緣則有師。」
雲水歐洲參學十二年，種種的生命體驗，
體會了星雲大師跟世界接軌的願心——

跟世界的語言接軌
跟世界的種族接軌
跟世界的思潮接軌
跟世界的經濟接軌
跟世界的宗教接軌

佛陀言：「奇哉奇哉，一切眾生，皆具如來智慧德相。」
於歐洲，更深刻感受世間重重無盡，
相互關聯，牽一髮而動全身；
覺悟到透過多元對話、互相尊重、歡喜融和，
人間淨土處處都在，華藏世界無處不在。

行佛，行佛所行，落實人間淨土——
酷暑寒冬都美，南北東西都好，
高低上下都妙，人我界限都無。

推薦序

與僧侶同行的人文饗宴

人間佛教讀書會總部執行長
覺培

這是滿謙法師繼《雲水歐洲——走進華嚴世界》後再次完成的第二本有關歐洲弘法的體悟。在這位僧侶的眼裡，如「善財童子五十三參」的遊歷過程，一一將歐洲所見所學所聞，如實地轉述給讀者們，不僅了解到歐洲如何善巧落實「環保」的生活，也了解到之所以被號稱為最具「人文」國度的原因，與充滿藝術「文化」的浪漫之美，以及「信仰」對弘法歐洲的真實記載。

講到「環保」，我們可以讀到瑞士人不浪費資源，連裝冷氣都還須經過批准，這是富足國家人民儉樸的表現，源於從小的教育，根深蒂固成為當地的生活態度。無論綠色建築、蓄存雨水、迴圈利用，還是地下室用大冰窖的空氣循環，讓人生起對瑞士無比的嚮往。作者也帶我們了解到比利時的「根特」城市實施每週一日素食，以及七百萬德國人盡是素食主義者，再從荷蘭阿姆斯特丹的騎單車，丹麥成為腳踏車的天堂，法國巴黎以超過兩萬輛腳踏車方便民眾租借等，道盡了歐洲各國盡一切可能，展現各種政策與方法推動環保，還包括徹底實施垃圾分類與減量、焚化與回收等，再延伸到人與寵物、動物之間的友好，儼然就是「環保與心保」的寫照！

談到「人文」，我們隨著作者體會葡萄牙詩人卡蒙斯的「陸止於此，海始於斯」的冷霧迷茫的天涯之角；又來到法國巴黎「艾菲爾鐵塔」前對肖爾蒂茨將軍的一份緬懷，感謝他為保留這座珍貴城市的文化遺產，而選擇寧被處死亦抗命不從希特勒所下令摧毀巴黎的決定，見證軍人服從若沒有智慧的抉擇，不只是淪於盲從，更造成生靈塗炭的悲劇。作者還提到德國警犬學英語、比利時的小英雄等趣事，甚至來到了印象派畫家莫內的藝術，彷彿我們也跟著作者來到了畫家眼裡的雨後湖邊，重重光影搖映著的睡蓮，為此留下永恆偉大的藝術之作。再回到零下三度的日內瓦，我們造訪了點燃啟蒙運動之火的伏爾泰先生，敢向當權者說真話，為自由民主與宗教寬容奠定了一個正確的道路。瑞典斯德哥爾摩的這艘從建造後就沉睡於海底，前後三百年的瓦薩大船，像是老天開了一個大的玩笑，千錯萬錯都不是誰的錯，竟然終於在四百年後才圓滿了最原始創造者宣揚國威的心願。作者還提到了澳洲著名雪梨歌劇院的丹麥設計師烏特松，以及西班牙最著名的神聖家族教堂設計師安東尼・高第，無論是展翅高飛的天鵝，或是曲線且饒富色彩的各種造型，兩位建築師都為世界留下寶貴的文化遺產，至今，成為歐洲之所以是人文薈萃所在的各種原因。

接下來的「文化」與「信仰」，應該說是作者在弘法中感悟最深刻的篇幅，文化裡浪漫中有平等，美麗中有悲哀，跪拜中贏得尊敬，窗角邊有無盡的風光。其深度來自終身學習，其高度來自不斷反省，其偉大來自虛懷若谷，其寬廣來自信仰和平，無論是舍利子不可思議的示現，或是瑪利亞觀音的化身，當代菩薩正以不同膚色、各種語言的身體力行，在每一處、每一地的展現，總是令人驚喜，這也是弘法者不孤獨的原因，因為有無數的菩薩為伴侶，更有無限的法樂在其中！

讀這本書，看似行腳歐洲，卻也雲遊法界，在穿梭古今思想的經緯度上，絕對是一場精采的閱讀饗宴！

二〇二〇年七月十五日

推薦序

「行萬里路，知萬種事」的滿謙法師

遠見・天下文化事業群創辦人 高希均

（一）

遠見雜誌與天下文化以及我個人，跟星雲大師的緣分可以說是長遠而深厚。

去年（二〇一九），我出版了一本書《星雲大師的光輝——結緣受益三十年》，記錄了從一九八九年以來，與大師相識、建立深厚友誼的歷程。因為持續的請益、學習，大師又是我們的專欄作家、書的作者及傳主，遠見・天下文化也與佛光山有了許多互動、合作，逐漸深入了解：開山逾五十年，培養僧眾弟子一千三百人，全球五大洲建寺院道場三百，對漢傳佛教振衰起敝，對整個佛教現代化做出巨大貢獻的佛光山，有許多「化不可能為可能」的實踐，我曾稱大師為「人間紅利」的締造者。

半個多世紀以來，大師以教育為開山根本，培養出眾多僧才，發心堅定、做人謙和、做事能幹、護教精實，他們都像極了一九四九年渡海來台、身無分文的星雲和尚，胼手胝足地開拓出一片大好天地，一份佛陀家業；成功後輕輕放下，釋然轉身，個個竟都能「以出世精神，做入世事業」，初心都如同他們的師父，一切「為佛教，為眾生。」

大師能以其願力、因緣、德行，做到「無中生有」，把人間佛教從一角、一地、一國而輻射到全球，其中一個主要的原因，是參與「集體創作」的弟子，具有跟大師相同的願力、努力、執行力，本書作者滿謙法師就是其中佼佼者之一。

（二）

滿謙法師二十六歲出家，與大多數佛光山中生代弟子一樣，都受過良好的基礎教育（據說出家前他是一位服裝設計師），以及嚴格的佛學院教育。畢業後他曾經派往美洲西來寺工作，協助桃園講堂、澳洲南天寺的建寺工程。海外十年經驗後，又調回本山辦學三年。大師曾讚他「有魄力，善溝通」，所以在二〇〇六年佛光山歐洲五個道場有新建及續建的需要時，他奉命赴歐，主持瑞士的佛光山日內瓦國際會議中心，以及法國、奧地利、西班牙、葡萄牙的道場。這些都是天主教國家，尤其法國因為政教分離，對於宗教組織及活動，法規嚴格，所以先前的道場建設，才會前後歷經了二十年。滿謙法師在人手有限、幅員廣大的情況下，想出「佛光歐盟」的因應對策，以集體創作的理念，建立僧信二眾共識，資源整合，又遇上聯合國教科文組織推動「宗教對話城市」的機緣，大師常說的「有佛法就有辦法」、「有思路就有出路」，再次得到成功的證明。

二〇一三年我曾與王力行發行人共赴巴黎法華禪寺參訪，做了一個演講，分享「讀一流書、做一流人、建一流社會」，看到那設計精緻，既具禪意，又具規模的道場，更有眾多信徒的參與，印象十分深刻。

（三）

滿謙法師在歐洲做跨宗教的交流，代表佛光山參加各宗教環保議題的對話，在國際會議上跟日內瓦聯合國、法國教科文組織以及歐洲的大學交流頻繁，同時擔任佛光山海外都監院的工作，他視野廣闊，任務繁重，但學會大師的善用零碎時間，因而能出版一本又一本海天遊蹤式的人文筆記，這本《世界之心看歐洲》就是他駐在歐洲多年，深入觀察、心有所得的著作。

書中由環保、人文、文化、信仰四個面向陳述親見親歷：

（1）從氣候變化的省思看能源創意、素食環保、淨土建設。

（2）從歐洲著名的地理景點、歷史建築、哲人故居、藝術大師看人文素養的內涵。

（3）從百年咖啡、窗邊文化、街道博物館、圖書館、悼念戰爭的節慶、諾貝爾獎看歷史傳承。

（4）從國際和平組織、人道主義機構、瑪利亞觀音、殉教者大橋看西方的信仰，提供了豐富多元的視角。

滿謙法師自二〇一八年五月已調回台北道場擔任住持一職，在交談中，知他想把海外弘法、接軌國際的經驗傳承下來，這本書正是他「行萬里路，知萬種事」的可貴分享了。

推薦序

隨緣度化　隨處安住

洪建全基金會素直友會總會長　簡靜惠

俗語說：少年走考場，讀書學習；中年走官場，奉獻社會；老年走道場，敬畏天地。

二〇二〇年六月底正逢台灣新冠肺炎疫情初解，我有幸參與在金光明寺舉辦的萬緣水陸法會。

這正是我走向老年的最好時機。

「菩薩清涼月，常遊畢竟空；眾生心垢淨，菩提月現前。」

在法會的休息空檔，我還沉醉在唱誦中，走到廊道，迎面就碰到滿謙法師！

師父瞇瞇笑著，隨即向我展示他在水陸法會一開始時所拍攝的照片：

「朵朵雲彩竟聚集成形，如眾神降臨……。」

「大殿側柱停駐一隻蝴蝶，久久不去……牠也來聽經聞法嗎？」

真是神奇的跡象呀！當也是自然地流動……而滿謙法師的靈慧與當下契機的掌握，很能打開我眼、打動我心！「隨緣度化，隨處安住……」我歡喜地完成七整天法會。阿彌陀佛！

與滿謙法師的結緣是在二〇一二年的耶誕假期。因著滿謙法師的邀約，我與小姑慧珠到法國巴黎法華禪寺，為全歐洲佛光山寺師父做三天二夜「讀書會帶領人培訓」。這真是非常殊勝的因緣，利用歐洲人的耶誕假期空檔，法師們要補修讀書會的帶領課程。但真正受惠的是我們，不僅因著這個良機暢遊歐洲，歡度跨年。當時我們住在法華禪寺，每天早課後一起早齋，聽聞法師們分享佛門齋事，有機會更多一層理解星雲大師的慈悲以及佛光山師父們的認真全力扶持、傳揚佛教到五洋四海。

滿謙法師是位認真用心又肯下工夫，既實踐又筆耕的修行人，在佛光山這個大宗派裡，不斷地被調職遷移，他說：人生中有三次調派都相隔十二年，一九九四澳洲，二〇〇六調歐洲，二〇一八又調回到亞洲台灣，任務是台北要與國際接軌！滿謙法師悟到：星雲大師的智慧，勉他透過一次次的調職，去學習提放自如：提起放下、放下提起，做一個「共生的地球人」。

滿謙法師擔任歐洲總住持十二年！他無怨無悔地付出，卻又能在談笑間握筆成書。寫成一本本涵蓋當今歐洲文化、歷史、社會、政治、環保……的書，內容非常豐富。

看到這本《世界之心看歐洲》的初稿，我更了解到在歐洲弘揚佛教的困難，在這麼多元複雜的人種、語言、教派、國境的地方，政治、經濟、社會都紛雜不安的情況下，信仰宗教是必要的，但長年來歐洲的主體宗教是基督教、天主教以及伊斯蘭教。而今看到的歐洲歷史卻是文化漸漸衰微、政治分崩、社會問題嚴重。尤其近年來的難民問題更是雪上加霜，歐洲已非昔日的光輝文明了！正需要佛光山星雲大師以及法師群、信眾的宏願，傳布佛教這樣和平包容又富人性的宗教，才能符合時代，滿足人心。

二〇一八年台北道場多麼幸運遇到滿謙法師，師父帶著滿腹的經論、靈動與契機掌握的慧心，要帶領信眾與世界接軌，真是台灣之福、信眾們的福緣福報呀！

這本《世界之心看歐洲》，寫的不只是歐洲建寺、弘法、服務的人事物而已！

滿謙法師的佛心妙手寫：「氣候變遷」、「冷氣機能用不用的哲學——環保」、「綠色威尼斯」、「莫內、伏爾泰」、「佩一朵罌粟花的年輕人——反戰」、「德國總理下跪」、「瑞典貨幣上的女性肖像」、「建築藝術」……滿謙法師以他的慈悲心，他的靈慧，走在歐洲的各個地方去建寺弘法，寫下他的心得感想觀察。

謝謝滿謙法師曾帶著我們《雲水歐洲——走入華嚴世界》；現在更以這本《世界之心看歐洲》開啟另一境界！

期待！

自序

世界之心看歐洲

滿謙

今年佛光山供僧法會，適逢家師星雲大師九十四歲華誕，馬來西亞《普門》雜誌邀請寫一篇短文做為賀禮。思索良久，適逢《雲水歐洲》續篇《世界之心看歐洲》一書即將出版，謹以此書做為壽禮，祝福師父上人法體安康，法輪常轉。

算起來《世界之心看歐洲》這本書是個人出版的第五本書籍，如果連同葡萄牙文的《禪與人生》就是第六本著作了。出家之後從來沒有想到過要寫文章出書，一切都是因緣所成就，為了讓更多人了解僧伽教育，為了弘揚人間佛教教法，二〇〇四年應《人間福報》

副刊主編蔡孟樺居士的邀稿，撰寫專欄「叢林所思」，如此因緣一發不可收拾，十六年來陸續寫了《雲海在望》、《悅讀法華經》、《雲水歐洲》、《禪與人生》等書。

回顧以往，真是驚嘆時光飛逝，歲月如梭，生命在指尖縫隙流逝，一去不返。令人感嘆的是，生命光陰如優曇缽華，時乃一現，不復再現，日復一日，年復一年；但回首來處，不禁慶幸心念沒有空過，在忙碌之餘，利用零碎時間，記錄所思所想，累積成冊，居然也出版了六本書。

《世界之心看歐洲》這本書，是在歐洲弘法時，對歐洲各國的自然環境、環保、人文、文化、信仰等所見、所聞、所思及生命無常感懷而抒發撰寫。之所以取名「世界之心看歐洲」，是深深感受到這一生，受到師父星雲上人的教導啟發，讓我能以佛法靜觀萬物，在日常生活中學習觀照各種事物，「心生種種法生，心悟法法可契」，如同牛頓的經典名言：「如果說我看得比別人更遠，那是因為我站在巨人的肩膀上。」（If I have seen farther than others, it is because I was standing on the shoulders of giants.）。

在一九八九年十月二十日的《星雲日記》中，家師提到：「我一生中最大的幸福是當和尚，但願來生，還是要再做和尚，我個人所求有限，但能為天下蒼生服務，擴大了我的思想，昇華了我的生命，使我心裡有了三千大千世界。」

師父上人一生自許是一個「地球人」，奉行「天下一家」的理念，提倡同體共生、平等與和平、尊重與包容、自然與生命、歡喜與融和等觀念。弟子滿謙能撰寫文章，在《人間福報》和《普門》雜誌上分享佛法，這都是向師父上人學習以「世界之心」觀宇宙、觀大自然、觀人生、觀事、觀物的無形薰習，因此坦言說，我的學習是站在大師這位偉人（巨人）的肩膀上，效法大師看世界的心胸與眼光，效法大師以「同體共生」的精神來同理大眾，效法大師以真觀、全面觀的視野與世界接軌的願心，如下五點：

一、與世界的語言接軌。

二、與世界的種族接軌。

三、與世界的思潮接軌。

四、與世界的經濟接軌。
五、與世界的宗教接軌。

今天的時代是個多元化、全球化的時代，人要在社會上立足，必須廣泛的多方學習，感謝三十餘年在佛光山，有幸成為星雲大師的弟子，在不斷地各洲調派中，讓我有非常豐富而完整的服務和學習機會。透過在歐洲十二年的服務時光，讓我有機會體證人間佛教要以「擁抱生命，解決生死，落實生活」的精神，學習與世界的「語言」、「種族」、「思潮」、「經濟」、「宗教」接軌，在過程中不斷地學習：自我健全、擴大心胸、融入當地的文化歷史、如法如儀的為眾服務……，學習「遇因緣即為師」，以單純的赤子心學習，真是忙得歡喜，學得開心喜悅。

而今一轉眼，自歐洲調回台北服務，又已悠悠兩年。這兩年恍如昨日般，如夢如幻，尤其是今年庚子年，更是不可思議的一年，因為新冠肺炎疫情造成全球人類活動範圍限縮，彼此間不能接觸往來，這是人類史上首次因為如微塵般細小的病毒，影響了七十億以上的人類生活。病情截至二〇二〇年九月三日為止，全球共有二千五百七十三萬九千五百一十二人確診，死亡人數八十五萬六千九百零九人，這樣的數目令人震驚，面對疫情的肆虐，人類幾乎無招架之力，而疫情仍不斷地肆虐中，更加考驗人類的慈悲與智慧，希望舉世大眾彼此間能有同理心，建立同體共生共榮的共識。

人的一期生命有限，在面對世間無常變化的動盪裡，期許自己未來能本著「無緣大慈，同體大悲」的精神，學習大師做「義工中的義工」，無我無私地關心他人、關心社會、關心地球，一心發願弘揚佛法，把世間紅塵建設成為人間淨土，祈願自己永保覺有情的「世界之心」，讓這期生命能利益世間大眾，也發揚同體共生的理念。

目次

環保
同體共生

人文

人間探索

文化 三千世界

信仰

光照大千

植樹愛護地球

瑞士 morge 的春天

同體共生

這片山、這片海、這片家園，
都在這獨一無二的地球，
怎能不起而力行？
以人性化的用心建設人間淨土，
齊聲讚歎陸海空都美。

西班牙湖邊凝心靜坐

比利時布魯塞爾原子球

瑞士淨土風光

植樹綠能環保

能用不用哲學

能用不用哲學　瑞士滑雪場

二〇〇六年十月剛剛調任到歐洲就職時，甫抵佛光山日內瓦國際會議中心，寺裡的法師就提醒我，道場六月開光的時候天氣很熱，大殿內熱得不得了，因此星雲大師指示，可以在大殿裝設冷氣，讓信眾共修時涼爽舒適些！我聽了回答：「好，了解。」

工作上手後，開始準備要將許多建寺時未完成的工程完成，首要之事就是安設冷氣機，詢問之後發現，瑞士不能隨便裝設冷氣，必須經過申請批准方能裝設。這下可讓我傻住了，在世界各國只要想裝設冷氣，有錢就能夠安裝，沒有聽說過裝設冷氣還要申請，這是怎麼回事？

原來現今氣候變遷，各國為了環保問題，都注重永續經營，瑞士這個先進國家雖然有空調、有能力消費，但是法律規定不能使用。在美國和亞洲國家大用特用冷氣、暖氣，但是歐洲國家的態度，是對舒適性的生活要求不那麼高。瑞士雖然是全球最富裕、全球經濟最發達，和生活水準最高的國家之一，平均國民生產總值超過五萬美元，居世界前列，但是有能力卻不濫用，富有而不浪費，為什麼？這就是國家和國民的生活態度問題。

有錢能用卻不用，對於一般人來說很困難做到，但瑞士政府一貫注重對公民的環保教育，並把它當做一項基礎工程來掌握。在學校教育裡，基本上都開設與環境相關的課程，以培育全民環保的共識，以確保瑞士保持良好的環境。大多數中小學校都開設有「人與環境」課程，少年們得到的成年禮物就是一本環保手冊；成人教育也設有學制，為一年的夜校環境課程。瑞士企業的管理者清醒地認識到：任何商業活動都將給環境帶來影響。他們秉持可持續發展的理念，注重當前發展與長遠發展相結合，即不僅要考慮當代的快速發展，而且還要顧及子孫後代能有更好的發展。如今，一項項強制保護環境的措施，早已成了瑞士人的日常生活習慣和行為方式。

瑞士的環保不是一天完成，有鑑於一百四十年前，蘇黎世就建立了汙水淨化設施；一百年前，日內瓦就開始對城市進行有計畫的綠化。政府還採用稅收減免和補助津貼等政策，鼓勵國民建設節能型房屋。瑞士的許多建築物都裝有專用雨水流通管道，可蓄存雨水，迴圈利用。即使是國家大型建設項目，設計者首要就是充分考慮環保。比如在修

瑞士馬特洪峰

瑞士策馬特房屋

建阿爾卑斯山的隧道時，從隧道中挖出的礦石被用於修建其他工程，或是做為水泥廠的原材料，儘量減少工程對環境的破壞。

瑞士還注重研發和推廣新型的環保建築，世界經濟論壇總部達沃斯，就是一個範例。你會發現辦公大樓室外烈日炎炎，室內卻清涼舒適。不要以為是它的空調系統製冷效果好，經了解才知道這棟建築根本沒有安裝空調，而是辦公樓地下室建有一個大冰窖，空氣先經過冰窖後再進入室內。這種無須使用氟製冷劑的自然驅熱方法，既減少了電力需求，又沒有對大氣造成汙染。

瑞士的環保教育從下到上、由幼到長，都建立全國老百姓有共識愛護環境，要環保節能，嚴格控管，不能輕易地濫用冷氣設備。這點令人相當感動與敬佩，難怪瑞士的山川天然環境都是如此地美麗，因為全民有心環保，節省的精神造就了世界公園的美譽，吸引無數各國人士前來旅遊。全民的智慧決定，發展出無煙囪的工業，帶來了無限的財富資源，這是善的循環果報。

瑞士日內瓦會議中心側照 冬天雪景

如來放光日內瓦 日內瓦會議中心

氣候變化的省思

瑞士的高山雪景 受暖化影響雪下得少

我愛下雪，到瑞士最希望的就是冬天看到大雪滿天紛飛，猶記得二〇〇三年的冬天到歐洲訪視，遇到大雪紛飛，我們這群來自亞熱帶的法師們興奮不已，顧不得寒冷，歡喜地走出戶外去感受下雪的氣氛。調到瑞士這兩年，日內瓦的冬天，雪都出奇得少，令人有點擔心和遺憾。

下雪對於瑞士人來說，表示「風調雨順，國泰民安」，沒有下雪反而是災難，因為下雪之後會將所有的細菌殺死，隔年的春天才不容易生病；反之不下雪，隔年的細菌容易滋長，各種流行性疾病會造成老人和小孩生病。從全球許多下雪地區減少雪量來看，顯示全球氣候暖化極端嚴重。

全球暖化的結果就是這幾年天災人禍特別多，緬甸的風災和四川的地震剛過，接著又是川滇的地震。前陣子歐洲中部和東部地區，遭遇罕見的暴雨和洪水，其中烏克蘭、摩爾多瓦和羅馬尼亞部分地區災情最嚴重。烏克蘭目前有二萬五千多人被疏散，九千多間房屋和二點四公頃農田被淹，羅馬尼亞已有一萬多人被疏散，近九千間房屋和二萬六千公頃農田被淹，摩爾多瓦亦有五千多人被疏散。

近期曾有二十四小時內，五個國家巴西、伊朗、智利、印尼與日本紛傳地震，伊朗地震甚至導致至少七人死亡、四十七人受傷。這種種的災難都顯示地球真的生病了，地球上的人們，如果再不好好珍惜，繼續讓氣候暖化，人類的災害會相繼不斷，而滅亡是遲早的事。

而諷刺的是二〇〇八年的九月六日，非洲地區的肯亞突然下起大雪，讓這個赤道橫貫中部地方的人興奮不已，有的人當場啃起雪塊，有的人騎著腳踏車將雪塊帶回家。對當地的人來說，這彷彿是上天掉下來的禮物，然而這更加說明了地球氣候變化的加劇。

瑞士冬天雪景

瑞士馬特洪峰高山雪景

日內瓦會議中心
雪景裡的小沙彌

肯亞下雪，從不下雪的地區下起大雪，該下雪的地區卻不下雪，日本北陸的石川縣金澤，今年夏天一反常態熱到不行。金澤地區的市民說：「太陽有夠大，都快燒起來了，這裡簡直是沙漠。」下雪固然歡喜，不下雪亦令人擔憂，這真是顛倒的世界。

連我們在瑞士的第一個道場——「瑞士佛光山」，也受到全球暖化的影響。這幾年，陸續遭受洪水沖擊，因為道場坐落在山區，自從三年前全球暖化造成山上的冰雪提前融化，大水入侵，嚴重的水患造成道場內整個癱瘓，整體情況之慘烈，記憶猶新。不料今年又遭逢大水侵襲，二度進水，幸好第一次大水後有些防護措施，損失稍小，然而還是造成道場的困擾。據道場負責保險的 Basler 公司 **Herzog** 先生說，這些天災水患，都是人的貪婪所造成全球暖化的影響，連瑞士這樣多森林之處，都還是被自己的人民批評濫伐樹林，其他地區的災情就可想而知了。

如何因應地球暖化的問題呢？不能責怪他人，只要人人肯用心積極地綠化地球，避免濫砍亂伐山林，地球的未來才有希望。我想面對全球的災難，與其詛咒極端天氣，不如每個人起而力行，從自己減碳節能做起，綠化地球、愛護地球，人人有責。

安適悠閒的背後

瑞士琉森耶穌會教堂

住在瑞士兩年，我很好奇瑞士人如何能保持如此悠閒安適的生活，如果是在發生意外的時候，是否也能如此安然自在？一次車禍事件，讓我真正領教了瑞士的精神。

有一次由藍斯堡（Lenzburg）辦完事情，要回到瑞士佛光山的道場所在地 Gelfingen，我和妙祥法師、黃渭玲三個人坐在月台邊，等半個小時搭車回家。正在談話間，發現所有的人都往月台總站走去，於是我們急忙去問問看是否有狀況？一位年輕人告訴妙祥法師，因前面發生車禍，所以要改搭巴士前往，但是年輕人也弄不清楚究竟巴士坐到何處，由於擔心車禍不知在哪一段路，巴士是否能夠幫我們接上回家的火車？正在詢問時，一輛賓士的巴士已經緩緩地停在路旁，司機打開車門讓所有的遊客順序上車，魚貫就坐後公車準時地出發了，從知道車禍到安排乘客就緒，前後大約五至八分鐘的時間。

我們站在路旁向年輕人詢問的當兒，一位熱心的瑞士女士載了兩位小孩，將車停靠旁邊聽了許久後，問我們是否是「出家人」？聽到我們的困難後，她連忙熱忱地表示願意開車帶我們回到道場，但是要等二十分鐘，讓她將孩子送去遊戲場後，她可以回來載我們。我們說如果真的無車可回去道場的時候就麻煩她，於是目送女士開車送孩子去遊戲場後，我們就回到火車站等待。

後來想想還是去櫃檯詢問車禍狀況，精通德文的妙祥法師問清楚情況，原來發生車禍後，火車站立即安排郵政巴士來接送所有的旅客到 Beinwil am See 這個車站，之後就可以繼續搭火車到 Gelfingen。弄清楚後才了解，原來瑞士的公共組織系統非常有次序，只要發生任何狀況，都會馬上安排替代的交通工具，不會耽誤乘客的時間。

對於這種臨危不亂的精神和驚人的效率，我真是歎為觀止，原來瑞士人生活安適悠閒的背後，是一連串精密複雜的組織和連繫，即使有意外發生，瑞士政府都安排妥善，絕

瑞士琉森沉睡之獅

不造成大眾慌亂。這種組織系統，是經過嚴密的設計和徹底的執行力方能達到，如螺絲般將機器拴緊，能夠確保社會順利地運轉。

就如瑞士是否要加入申根區，也已經討論許久，最近瑞士終於發布消息，自二〇〇八年十二月十二日零時起，正式加入申根區，取消與其他申根國家之間的陸路邊境檢查。爾後，中國公民持申根簽證可自由出入瑞士。瑞士公民一直可以免簽出入申根國家，申根國家公民以及持申根國家居留證的外國人，也可以免簽進入瑞士。

瑞士加入申根區，為世界各國遊客提供了方便，但方便的背後卻是嚴密的組織策劃，有千百個人一板一眼、一絲不苟地精心設計軟體。據載瑞士沒有就此事舉行慶祝活動，瑞士加入申根區表面上悄無聲息，實際上做了大量行政、技術、法律方面的準備工作，僅須與申根區接軌的法律就有七十多項。瑞士警察從八月開始試用申根警察數據信息系統（SIS）。瑞士還對蘇黎世、日內瓦等國際機場針對加入申根區進行改造，並將於明年三月二十九日完成此項工作，屆時將分成申根區航班和非申根區航班專用區。從十二月十日起，瑞士各陸地邊檢站向駕車出入境者發放小冊子，告知瑞士加入申根區後，取消邊防檢查和保留海關檢查等情況。出入境物品檢查，以及相關的稅務檢查仍將持續，因為瑞士沒有加入歐盟統一關稅區。此外，海關和警方對入境人員的檢查內移，在通往邊境的道路上機動抽查旅客證件。在舉辦大型活動，或者發生重大威脅時，瑞士將臨時恢復邊境檢查。

瑞士悠閒安適的背後一點也不輕鬆，是冷靜思惟策劃執行的結果，一點也不容易，但是我非常佩服瑞士人對公共政策的長期思惟考量和執行力。

瑞士琉森湖

瑞士琉森卡貝爾橋（Kapellbrücke）

吃素一天的城市

瑞士琉森蔬果店

今年度，日內瓦會議中心春季班的素食烹飪班開課了，由周映芬師姑教學的中國素食料理，吸引更多本地人士開始學習烹飪素食。詢問學員參加的原因，除了素食協助維護身體健康，可減少血管疾病的發生，有保護人體降低罹患癌症機會的作用，能減少罹患心臟病、高血壓、糖尿病和肥胖等慢性退化性疾病等之外，許多人報名參加是為了素食環保節能而吃素，聽了令人很歡喜。

正當此刻全球正掀起「吃素減碳」風潮！美國科學家們提醒，少吃肉還能延緩全球變暖。牛羊等反芻動物在消化過程中會產生廢氣，成分主要是甲烷，而甲烷則會加劇全球變暖。如果人類少吃肉，就會減少全球的牲畜存量，從而減少溫室氣體排放。人類因食用肉製品而造成的牛羊廢氣排放量，占溫室氣體總排量的四分之一。

如果問：一輛跑車和一份牛排漢堡哪一樣所製造的環境汙染嚴重？答案是牛排漢堡更加製造汙染造成暖化。據統計全球百分之十八的二氧化碳是畜牧業造成的，吃素是一個有效減排二氧化碳的好方法。想要養出一公斤的牛肉，一頭牛大約要吃掉七點二

法國安溪的水果店

公斤的穀類，如果每個人能夠多吃蔬菜，對環境會有很大的好處，對個人的身體健康加分就更多了。目前全球各個國家每人每天攝入肉類的量有所不同，較發達的國家平均每人每天二百二十四克，在非洲的一些國家每人每天只有三十一克。專家認為，如果全球平均水準維持在每人每天九十克，就可以有效延緩全球變暖的趨勢。因此多吃蔬果素食最為環保，能夠節約許多能源。

這幾天新聞報導，比利時北部城市

「根特」將成為全球第一個，全市居民每星期至少吃素一天的城市。「根特」從這星期（五月中旬）開始，陸續推行每週至少一天吃素，這項活動首先從市府公務員及議員開始。

據「根特」市政府表示，他們注意到飼養牲畜對環境的影響。聯合國也表示，全球廢氣排放量中，將近五分之一來自牲畜。因此「根特」發起素食日，聊表對環境的保護之責。當地學校的學童將從九月開始，跟進這項素食計畫。另外，「根特」市府目前正在印製九萬份地圖，特別標示出當地的素食餐廳位置。

這是一項很有意義的行動，尤其出自政府部門來推動，更加有效果。抗暖化，號稱是人類的第三次世界大戰，你我他都不能倖免！這一點也不誇大，科學家預測在二〇五〇年左右，世界各大山嶽有百分之七十不再積雪；現存的二萬二千隻北極熊會在四十五年後絕種；而世界最大的珊瑚族群大堡礁，可能在二一〇〇年之前消失；同時間台灣包括台北盆地內的台北車站、國父紀念館，甚至一〇一大樓四樓將完全淹沒，中國北京也將被沙塵暴掩埋。

聽到這項預測，令人驚嘆與憂心。哪一個人不是生活在地球上，地球未來的命運，與我們每個人息息相關，因此抗暖是你我他不能缺席的行動，今日我們缺席，明日就換我們在地球上缺席，消失蹤影，過去龐大身軀的恐龍，不也如此嗎？

佛教自古以來是個深具環保意識的宗教，不但注重內在的心靈環保，同時也兼顧外在的生態平衡。佛教提倡不殺生而積極護生，唯有珍惜大自然各種資源，人類才能在地球上開展理想的新世紀。心靈環保要靠人類淨化本身的貪、瞋、癡三毒做起；生態平衡則有賴大眾的力量共同來維護。因此誠摯地呼籲每個人能夠發起善願，愛護地球身體力行綠色生活，不但愛自己也幫助地球減少暖化，可發願至少每週一日素食，平時多吃蔬菜少吃肉，日常攜帶水壺不買罐裝水，減少消耗資源，煮東西加鍋蓋，這些都是節能的行動。

素食既是個人的身心環保，又能愛護地球環保節能，既自利又利他，何樂而不為？開始行動吧！

吃素節能最環保

多食蔬果有益健康

我吃素二十餘年，現在全家大都也吃素，家人都認同吃素節能減碳最環保，是最愛護地球的做法。有人擔心吃素不夠營養，但在吾家優良傳統下，連下一代都是光榮楷模，長得又高又壯，因為從大嫂懷孕，大姪子就是胎裡素，出生時候是超級寶寶，身高是二十五人中當中的第一高。現在大學四年級，身高已經超過一百九十公分，二姪子就讀大一身高也超過一百八十公分，他們是吾家吃素的典範，長得既健康又聰明。

十幾年前，佛光山法師初到歐洲來弘法，那時歐洲人大都是肉食主義者居多，但是這幾年來發現，愈來愈多歐洲人吃素了。超級市場有機素食的食品一應俱全，原因是生態環境的改變，動物感染事件時有所聞，愈來愈多的歐洲人改吃素食，有更多的人改吃生機食品。

除了健康原因之外，歐洲國家一向是世界上支持環保最有力的地區，大眾發覺吃素節能減碳最環保，能為減少溫室氣體排放盡一份心力。節能減碳主要是針對可能導致環境氣體汙染的環節加以控管，一般人都注意到節省油、電等能源，事實上飲食也有很大的努力空間，鼓勵「蔬食」能減少牲畜飼養量及糞便排放量，烹煮過程少油炸，產生的油煙量低，自然能降低周遭空氣與水的汙染，為抗暖化盡一份心力。

最近聯合國政府間氣候變化專門委員會（IPCC）主席拉金德拉．帕喬里近來也頻頻呼籲：發達國家應少吃肉類，為減少溫室氣體排放盡一份心力。他在日前接受BBC專訪指出：「聯合國糧農組織（FAO）估計，肉品生產直接造成的溫室氣體排放，約占全球總量百分之十八。因此我要提醒世人，在減緩氣候變化的諸多方法之中，改變飲食習慣是可行之道。」相較之下，交通運輸的溫室氣體排放量只占全球總量百分之十三；換言之，就溫室氣體減量而言，少吃肉比少開車更有幫助。

聯合國糧農組織的估計涵蓋肉品生產的整個過程，包括森林砍伐、飼料製造與運輸、運輸工具使用的石化燃料、牛羊等牲畜的打嗝與排氣。其中最值得關切的問題是森林砍伐，熱帶雨林受到的傷害，尤其嚴重。牛羊打嗝與排氣則會釋出大量甲烷，這種氣體造成的溫室效應，高達等量二氧化碳的二十三倍。

Caesar's salad with chicken
Large salads
Make a meal of it!
Large Caesar's salad with chicken
Wine steward's recommandation:
To be sampled with a glass of Coteaux d'Aix en Provence (12 cl).
Large Romaine salad with
Buffalo milk mozzarella
Mixed salad, Buffalo milk mozzarella and various
grilled vegetables, a pure sun-soaked delight.
The abuse of alcohol is dangerous for the health
Consume with moderation. Non-contractual photos.
多吃蔬菜多健康

到德國、巴黎弘法時，當地義工帶我去附近的有機食品店參觀，我驚訝地發現到有機食品滲透力甚強，最近普及到一般超級市場。據一項非正式統計顯示，去年，百分之九十的德國家庭，至少購買過一次有機食品，這趨勢正在上揚。

近年來喜歡吃素的德國人，由三十年前的百分之六增加到百分之十，根據「國際素食者聯盟」的一項統計，現在全德國的素食者已達百分之八，約七百萬人；很多德國人由於對動物的憐憫之心，而抑制了自己吃肉的欲望。有的青少年吃素，是因為看到了德國電視裡報導養豬、養雞時，有大量虐待動物的鏡頭，看到之後都很震驚，沒想到自己愛吃的豬肉、雞肉是這麼來到餐桌上的，於是下定決心不吃肉了，不想讓一個活生生的動物為了自己而被殺掉。

「十幾年前沒有人想得到豆類產品如豆漿和豆腐，可以在歐洲如此受歡迎。」曾幾何時，德國人不再大口吃肉和啃香腸了，而在各大超市皆能買到豆漿。且不談德國這個歐洲的大國，連瑞士這樣的小國家，在超級市場裡，豆漿、豆漿優酪乳也很普遍，何況本地製作的豆漿又香又濃，不比亞洲國家差，有的針對特殊體質還加有鈣質，設想周到。

現在吃素實在是一件方便又安全健康的喜悅事，尤其還能節能減碳愛護地球，歡迎大家一起加入素食的行列。

腳踏車的天堂

腳踏車的親子拖車

初到荷蘭阿姆斯特丹，我們的道場荷華寺位在唐人街上，唐人街就在火車站附近，交通便利。下了火車，便提著行李一路漫步走向道場，沿途中總會遇到許多的腳踏車及行人。「當心腳踏車！」覺海法師總會適時地提醒著我們注意身旁的腳踏車。

走在阿姆斯特丹的街頭，繁忙的人群和擁擠的街道，隨處可見騎腳踏車的人群，無論是上下班或是辦事、休閒，荷蘭人騎腳踏車的優美姿態總讓人陶醉。

荷蘭是腳踏車的天堂，在荷蘭腳踏車幾乎沒有不到的地方，也因為荷蘭人民的環保意識，大眾上下班都騎腳踏車，甚至媽媽騎腳踏車載著嬰兒去買菜，或是去博物館欣賞文物，因此荷蘭的空氣相當清新乾淨。

歐洲腳踏車的天堂是在丹麥，據了解丹麥有六百萬人口，但是卻有八百萬輛腳踏車，平均每個人擁有近一點五輛腳踏車，可見丹麥環保意識之強，因此有「腳踏車王國」的美譽。丹麥的政府非常重視空氣汙染和環保問題，所以首都哥本哈根的交通工具，幾乎是腳踏車和地鐵。於是，哥本哈根市區腳踏車道規劃相當完善，在每條道路上都有腳踏車專用道，甚至有腳踏車專用的交通號誌，這讓騎腳踏車上下班的人民，更加安全和安心。

走在哥本哈根的街頭，可以看到各式各樣的腳踏車，老老少少、男男女女都騎腳踏車，載小孩的、嬰兒的腳踏車，都令我感動萬分，可見丹麥人踏實的精神。雖然丹麥這幾年在北海發現了豐厚的油田，使得丹麥從能源進口國變成石油和天然氣的出口大國，但是擁有卻不濫用，珍惜愛護資源，全國都以騎腳踏車落實環保，這份有而不濫用的精神，就令人頗欣賞，因為這代表著丹麥人對全球生命的重視，具有環保意識，希望地球的暖化減緩，如此的慈悲心讓人感動萬分。

另外在法國的巴黎和里昂，也都是提倡騎腳踏車代步，以減少地球的暖化效應。政府也都鼓勵人民騎腳踏車，各種優惠的辦法都有，因而讓你自然而然的想要去騎腳踏車。

在法國里昂的價格極為便宜，一年只須付五歐元，每次租借前三十分鐘都是免費，之後每小時一歐元，不過很少人會超過半個小時。而巴黎市政廳準備讓租腳踏車在巴黎街頭出現，有一家腳踏車租借公司 JCDecaux，準備提供巴黎市民超過兩萬輛腳踏車，並且以極低的成本租借。而且，預計年底，在全巴黎市將會有一千四百五十個腳踏車租借站，大約三百個地鐵站會有腳踏車租借站，所以大約三至四個街口，就會有一個

丹麥哥本哈根 蒂沃利樂園的小女孩

荷蘭自行車

荷蘭阿姆斯特丹的運河一景

租借站。其他歐洲部分的城市，如奧地利、維也納，以及比利時布魯塞爾，也都已經執行這項計畫，幫助二氧化碳排放降至最低。可見在歐洲落實環保絕對不是喊口號而已，而是從政府到人民一起配合來實踐，難怪歐洲是全世界提倡環保最用力的地區。

我記得小時候在台灣，大眾都是騎腳踏車上下班，那個時候空氣清新，少見汽車，更沒有塞車之苦。不知何時台灣也能恢復騎腳踏車，不過，我想政府提倡之前必然要有配套設施，先設立腳踏車道吧！

淨土建設的智慧

瑞士 人間淨土風光

這兩年派駐在瑞士，提起瑞士，總讓人想起精緻優雅的鐘錶、發達的銀行業、美麗的雪山山脈、湖光邊山色的勝景。每當有人來訪過瑞士後，大家一致的結語就是：「瑞士好美！」

瑞士確實很美，《新聞週刊》（*Newsweek*）曾經報導，瑞士以九十五點五的高分（滿分一百），在全球的環境績效指數（EPI）排行榜中高居第一，其他北歐國家及澳洲和紐西蘭也名列前十名。優遊在瑞士這片大自然恬靜和柔美的環境中，我感受到瑞士很容易令人身心清淨。

省思瑞士能夠吸引全世界的人前來旅遊，除了全國有百分之六十的土地都是綠地公園，最大的原因是瑞士政府以嚴格和完善的法律制度，使其在發展經濟的同時，保持了環境的優美。尤其是積極的進行環保工作，和有效率的處理垃圾兩方面，成就了瑞士美麗的國土。

瑞士是全世界垃圾處理和綜合利用最有效率和最徹底的國家之一，我曾經在琉森的街頭看到垃圾分類的處理，內心震撼不已。十幾個大垃圾桶分門別類收集各種玻璃、衣物、紙類等垃圾放好，來往的人們自動將各種垃圾放好，難怪這裡是人間的天堂。我恍然大悟，原來想要享有美好的環境，第一件事情就是每個人必須要建立共識，除了減少製造垃圾，更要認真將垃圾分類，避免造成環境汙染。

談起垃圾，早期我們在瑞士的道場，某些義工很熱心幫忙倒垃圾，但是沒有注意到時間，曾經有一回，義工逾時將道場的垃圾放在垃圾場內，第二天道場就收到瑞士法郎五百元（約新台幣一萬五千元）的罰款單，你一定好奇政府怎麼知道是誰的垃圾？不要疑問，這就是瑞士的精神，只要看垃圾就能判斷出誰家的垃圾，一旦違規，都要照規定罰款。這五百元，真是寶貴的一門環保教育課。

瑞士早在一九七一年就在憲法中明文規定，採取措施保護環境是國家義務。一九九八年十二月憲法重新修訂時，又專門增設了「環境保護與領土整治」章節，體現了聯邦政府對環保的高度重視。在國家憲法的原則指導下，瑞士又制定了一系列有關環保的專門法律，如《保護自然和文化遺產法》、《環境保護法》、《狩獵法》、《水保護法》、《捕魚法》和《森林法》等。

瑞士日內瓦花鐘

瑞士國旗飄揚日內瓦

二〇〇一年之後，瑞士反改採取倒金字塔的管理模式，即是將垃圾源頭減量，分類回收，將資源充分回收利用後，最後再將不可回收的填入掩埋場，雖然瑞士的垃圾還是有增加，但是進入焚化燃燒的量減少，可回收利用的廢物量卻不斷增加。目前城市生活垃圾回收率已達較高水平，總廢物回收率在百分之四十以上，其中，塑膠飲料瓶、鋁製易拉罐、紙、玻璃的回收率已達到百分之八十以上。

垃圾處理是一大門學問，最近義大利南部城市那不勒斯爆發垃圾危機，街道上垃圾堆積如山，垃圾處理問題引發了暴力衝突，造成數十人受傷，這不就是人間地獄景象嗎？反觀瑞士被譽稱為「人間天堂」，和平的淨土裡，對於垃圾的處理，有良好的決策，主動興建現代化有效率的焚化設施，並做好公民的垃圾教育，將垃圾分類焚化、回收，不但可以處理廢物，還可用於發電，及為周邊社區提供暖氣，節省了許多能源，也創造出財富來。

從垃圾處理中我看到了瑞士人的智慧，從根源的決策辦法做起，從建立全民共識落實生活中達成環保的目標，瑞士精神，令人敬佩！

一片綠意中的瑞士建築

歐洲僧眾山林共修靜坐

瑞士搭火車記

瑞士蘇黎世　列車通過月台

原本預定要搭九時零一分的火車前往 Gelfingen，但是早上起來一堆的工作讓我無法準時離開，最後計畫改搭其他火車出門。滿容法師建議我早點用午齋後去搭十二時零一分的火車比較好，聽到好的意見，我立即從善如流應允。

用過午齋後，滿容法師立即載我前往機場旁邊的火車站，他實在太貼心了，要讓我在下一層的地方下車，我聽聞好意就由他載往，沒想到樓下的停靠站都是計程車，司機根本不讓我們有停車的機會，滿容法師只好一路往前開，最終只能往高速公路出口，一看到出口牌，我已經知道大事不妙，無法趕上這班火車。慈悲的滿容法師說：「這樣吧！

我載你去下一站市區的火車站，一定來得及。」我一聽急忙回說：「不能，市區塞車，更糟糕。」他只得想辦法繞回機場，這一繞路，耽誤了十分鐘，下車後匆匆去售票機購票，但是半年不在瑞士搭火車，火車售票機的按鍵方式居然改了，我始終無法買到票，只得去櫃檯買票。

櫃檯小姐聽完我的目的地後，告訴我趕不上這班火車，建議我搭另一班車前往。她耐心地告訴我搭乘十二時零五分往 St. Gallen 的火車到 Aarau，轉火車到藍斯堡（Lenzburg），再轉車到 Gelfingen，同樣可以到達我要去的目的地。因原先要搭往琉森的火車已經開走，無奈之下也只好改搭其他火車，但是轉這麼多趟車，我還真擔心如何能順利轉車，沒想到取了票，小姐還特地打了一張詳細的班車行程給我，讓我很清楚地知道到哪裡轉車，甚至連月台的號碼都清清楚楚地顯示給我。哇！太令人感動了，瑞士的火車站如此人性化，照顧得無微不至，讓你絕對不會迷路，真想不到瑞士有如此貼心的服務。

日內瓦會議中心大殿八正道圓頂

日內瓦會議中心的小沙彌

一路搭火車沿途風景優美，許久沒有這麼放鬆，心情喜悅無比，中午的班車人相當少，整個車廂幾乎都屬於我，在火車上享受了一段寧靜美好的時光。不料下車到 Aarau 後，我卻疑惑重重，不敢肯定停靠的那班，是否就是我要搭的車。找了一位瑞士年輕人來詢問，青年很熱心地用英文和我解釋，但青年很懊惱無法以流暢的英文解釋從藍斯堡要轉車到 Gelfingen 的火車地點，後來乾脆到站後親自帶我去轉車。找到搭乘的火車後，我向青年道謝並快上車，火車隨即發動。

日內瓦會議中心的春天

望著青年，我默默祝福他有個美好的一天。啊！感謝善良熱心的瑞士青年，讓我一路可以安心地抵達目的地。

又有一回，乘火車前往瑞士佛光山主持浴佛法會，在琉森下車轉車，提起行李走到十號月台前往 Gelfingen，不巧火車正好離開。查明班次後，還有一個小時才有車班，隨即步行到車站對面湖邊去欣賞美麗的景色和天鵝戲水，湖邊的船上坐滿即將要遊湖的旅客，天鵝們和我佇立一旁彼此對望欣賞，殊不知是誰看誰？

回到車站，坐在長椅上等候火車，突然看見剛停靠站的火車上，有位父親帶著三歲的小孩由第三車廂下來往第四車廂走，只見小孩短短的小手興奮地按住車鈕，車門立刻打開，接著走進車廂。因為坐下來，位置低，由小孩的視野高度看過去，我才恍然發現瑞士這個國家是如此地「平等」，按鈕設計得非常周到，不只是讓大人按，小孩和矮個子包括殘障者都能輕易地按住車鈕進出，當然也有人會說：「這不算什麼，現在許多火車都是自動門。」事實上瑞士大部分的火車都是自動門，但是通往小鄉鎮的火車大都是裡外有按鈕，各個乘客都可以自己按到按鈕，就連許多公共電梯按鈕，也考量到殘障人士需要。從點點滴滴的小細節裡，可以看到瑞士人性化的用心，這裡果真是人間淨土，以「平等心」普遍對待全民和來自全世界的遊客，無論老弱婦孺。

瑞士的全民公投

瑞士阿爾卑斯山脈最具象徵性的馬特洪峰

二〇〇八年台灣舉行總統大選時，同時也有另一項「公投入聯」的公投，不過這項公投當時全國百姓拒領票的人數占七成以上。談到公投，瑞士這個國家是全世界自希臘以來，施行公投最多的國家，大大小小的事務都要通過公投來表決。

根據一項研究統計的結果，從十六世紀以來，民主國家總計進行了大約八百次的公民投票，其中有將近四百次以上的公投，也就是有二分之一以上的公投，都是在瑞士進行的。事實上兩百年前也就是一八〇二年，瑞士就已經舉辦了第一次全國性的公民投票。

最近的新聞報導，瑞士人民對於一些瑞士大老闆最近幾年收到的報酬達數千萬瑞士法郎的現狀，普遍不滿。瑞士人將對大老闆的報酬設立管理規定一事舉行全民公決。瑞士政府上週五宣布，有關「反對人老闆濫收報酬」的一項公民倡議，獲得了十一萬四千二百六十人簽名，超過了舉行全民公決所需的十萬人簽名的標準。

這項公民倡議要求：在股市掛牌交易的企業股東，每年在股東全體會議上通過表決來決定董事會、企業領導以及諮詢委員會成員的報酬數額。股東全體會議每年也指定企業董事和總經理人選。瑞士政府和國會對全民公決草案表態後，將在兩年後舉行全民公決。

瑞士從一九九二年公投表決是否要加入「歐盟」組織至今已經公投過三次，但三次公投都未通過，因此至今瑞士仍然是在歐盟之外（瑞士在二〇〇九年十二月加入歐盟申根公約）。由此可見瑞士這個國家是真正以民為主，以法制來治理國家，在我的觀察裡，瑞士可謂是個真正實踐佛陀「六和敬」理念的國家。

「六和敬」即是佛陀攝眾的方法之一。在佛教裡佛陀所制定的僧團組織是以「六和敬」來組織僧團，佛陀如何統理，使其和樂清淨，發揮住持正法，度化眾生的集體力量呢？所謂「六和敬」就是：

瑞士日內瓦會議中心

瑞士日內瓦會議中心的思惟彌勒

一、身和同住。二、口和無諍。三、意和同悅。四、戒和同修。五、見和同解。六、利和同均。

瑞士的公民投票正是實踐了「見和同解」的民主理念，凡事以公民投票來表決，這也是人民高度自治的表現。雖然瑞士是個多語言、多文化的國家，但不妨礙其直接民主制度的實施，人民可以透過自己的努力來影響政治，有助於保障少數族群或弱勢社團的權益，促進人民、國家之間的互動，有利於國家的進步。

實在令人不可思議的瑞士，不管大大小小的事務都可以公投表決，投票的的範圍廣泛，沒什麼特別的限制，大到財經是否提高汽油稅，或者是否提高老年津貼等等，都可以用投票來決定。人民和各個邦都可以自由表達自己的想法，這樣可以減少嚴重的對立，或分離的意識型態，再則人民可以直接參與決定國家重大決策和憲政，彌補了代議政治裡，有時候議會權力過分擴張的缺點。

在瑞士，我真正見到了政府施行了良好制度的六和敬，無怪乎這裡是人間的淨土。

瑞士的教堂

瑞士雪地救難犬聖伯納狗

寵物天堂 歐洲

歐洲是小狗的天堂

已經三十幾年，從家裡不養狗後，我與小狗似乎絕緣了，雖然在佛學院裡也有幾隻小狗看家，但都是護生的同學照顧，我只是碰面打打招呼罷了。想不到幾十年後在歐洲卻與小狗特別有緣，甚至我都變成了小狗眼中的好朋友。

不知從何時起，我也成了小狗眼中的玩伴。有一回，和妙祥法師兩人在 Gelfingen 街頭走過，一隻白色大拉布拉多犬衝出來，跟隨在我們的後面，最後這隻狗終於忍不住跑到我們的前面，迎面而來撲向我的腳跟前，要我抱抱。一下子無法擋住，我只得立即用雙手握住牠的前腳，狗兒興奮地向我表達熱情之意，握手後我趕緊將牠放下，沒想到牠繞了我們一圈後，又正面撲上來，向我表達歡喜之意。我握住手後告訴牠：「ＯＫ！我知道了，你已經打過招呼了，再見！」但是白色的大狗仍然很興奮地要和我再握手，慌張的主人急忙趕來喊住牠，一面頻頻向我道歉，他的狗讓我受到驚嚇。妙祥法師說：「這隻狗太喜歡你，迫不及待地要抱抱你！」也許吧！我們過去生有很好的因緣，但是這種相遇法也太熱情了些！叫人實在有些吃不消。

我曾經在巴黎回日內瓦的高鐵上，邂逅一隻優雅的狗，陪我共度了美好的下午時光。那天下午上車時剛辦完事情，感覺疲倦不已，上車後找到座位我立即坐下來，因為睏倦，眼睛昏花地只見到前座有一件黃色的貂皮大衣，心想這位主人怎不將衣服掛在窗邊的掛勾上呢？由於實在太累了，不消三十秒我就睡著了，一個多小時後醒來看書，享受閱讀的喜悅，突然前面有一團東西在動，吸引了我，定睛一看，原來是一隻狗目不轉睛地望著我，令我訝異不已。四目接觸，彼此互相地觀望，我突然想到袋子裡道場法師為我準備的腰果，於是取腰果分享給這隻小狗，你一顆我一粒，吃得好不歡喜。

小狗愈來愈熟悉我了，乾脆由前座下方跑出來坐在我旁邊，小狗和我共度了三個小時的時光，下車前小狗的主人突然想起她的小狗，看見小狗在我旁邊，連忙問：「我的小狗是否打擾了你？」我笑笑地說：「一點也不，我們擁有了一個美好的下午時光。」

歐洲是小狗的天堂，在瑞士養狗不簡單，主人和狗都要去上課，主人要學會照顧狗，狗要學會守規矩等等，還要交養狗稅，狗有專門的食物，如果主人去度假了，也可以送

歐洲是寵物的天堂

帶自己的寶貝寵物狗散步

愛犬到狗飯店去度假，還可以美容等等，真是好命得令人感到不可思議。通常養狗要有身分證明，主人要帶狗去註冊，然後會在小狗的耳朵打上晶片，就可以辨認身分。

瑞士信眾秋蘭的朋友養了一隻小狗，有一天小狗翹家，上了公車到遠方流浪，被當地警察帶回，通知主人領回，還要罰款瑞士法郎三百元，理由是沒將狗照顧好，又要讓警察特地照顧小狗，因此要罰款，主人也只好乖乖地交錢將狗帶回。哇！養狗真不容易，我才恍然大悟，在瑞士根本看不到流浪狗，因為要養之前要先教育，不能養了之後亂遺棄，造成社會問題，這也是愛護生命的表現。

火車從巴黎回到瑞士，抵達日內瓦下車前，我歡喜地為小狗皈依了，祝福牠未來能夠有智慧，生長在人間可以好好修行，只是這些歐洲的狗兒們都是享受在天堂般的福報，不知牠是否想要投生在人間？或許在牠的眼中人更可憐呢？

歐洲寵物面面觀

狗最忠心在歐洲是寵物

走在歐洲街頭，我遇見最多的寵物是狗，無論是男士、女士，老人、年輕人，總是帶著自己的寶貝寵物狗散步，令我驚訝的是遛狗的以男士居大多數，有的穿著時尚，卻也帶著一隻美麗的長毛和頗具魅力的約克夏，寶貝得不得了，真是令人跌破眼鏡。

狗實在是人類的好朋友，忠心耿耿看家守護，牠始終不會捨棄主人，甚至還會替主人報仇。據載在二次世界大戰期間，蘇聯的軍隊中有一隻最具傳奇色彩的軍犬，名叫文爾內。這隻軍犬，曾隨部隊南征北戰。一九四五年二月，蘇聯軍隊逼近德國邊境，軍犬文爾內和戰士斯達羅同一個班，在進入德境山林時，突然遭到德軍襲擊，雙方展開了激烈的肉搏戰，斯達羅犧牲在一個德寇的槍口下。軍犬文爾內見狀，撲向兇手撕咬，一下子咬下兇手的三個手指頭放在主人胸前，然後伏臥在他身上，默默地舔著、舔著……。

德國投降後，文爾內隨主人的朋友進駐了柏林市區。時間一晃過了五年，有一天，文爾內走在街上，當牠看到一位身穿便衣的德國人從離他們不遠的地方走過時，文爾內先是駐足一愣，旋即騰空而起，怒吼著向那位德國人撲去，沒命地咬他、撕他。前後僅僅五分鐘，那位德國人就被咬死了，文爾內也因過度狂怒引發腦溢血而死亡。事後人們發現，那位咬死的德國人手上少了三個指頭，經多方查證認定，他正是當年殺死文爾內主人的兇手。狗的忠心，實令人不可思議。

狗不單是狩獵、導盲、看家，狗也會做家務，而且做得比一般的管家都好。前陣子報紙刊載，英國六十八歲動物行為專家卡特患有嚴重關節炎，日常做簡單家務都有困難，於是訓練了小狗康妮做多種家務，包括洗衣服、打掃房間，以及到商店購物。現年二歲的康妮是卡特最好的朋友，懂得將要洗的衣服從籃子揀選出來和放進洗衣機，待洗衣機塞滿衣服，牠就將洗衣粉和清潔劑放進去，然後用狗爪扭動洗衣機開關。當洗衣機停止旋轉後，牠又會順著洗衣機的門將頭部伸進去，把乾淨的衣服轉入乾衣機中。康妮整理房間的技巧，可以媲美專業清潔人員，牠知道屋內所有東西應該存放的位置，每當卡特亂放東西的時候，牠就將物品放回原位。卡特在缺少某些日常用品時，只要打電話給當地商店說出要求，康妮便懂得獨自前去商店取回。

帶寵物蹓躂是歐洲人的日常生活

歐洲是寵物狗的天堂

有狗如此地忠心和擅長家務，難怪在歐洲街頭到處可見蹓狗人士，將狗當成寶貝甚至親生兒女。歐洲各國也都有各種的養狗規定和辦法，有則養狗的趣聞，可以看出保護動物的法規。最近英國一對兄弟，由於對自己寵養的一隻狗照顧不力，令已九歲大的老狗體重達七十公斤，被英國皇家動物保護協會入稟法庭，控告他們為狗隻帶來不必要的痛苦。法庭裁定兩人有罪，但做出了有條件的釋放判決，就是要他們把名為 Rusty 的家犬控制體重，令牠可以重新走動。在判決之後，為了 Rusty 的健康，英國皇家動物保護協會把 Rusty 帶回該會進行減肥，一下子為 Rusty 減了三十五公斤。這事件提醒了寵物的飼養人，寵物的體重都會成為入罪的證據。

歐洲是寵物的天堂，寵物如自己親生兒女般，如舉行法會時，經常會有信眾要求要幫小狗、小貓立超薦牌位，全家大小都來參加，法會中痛苦流涕如喪考妣，還有人哭了七天。但是，自己的父母親過世時，卻不見憂傷哀慟，令人慨嘆人不如狗！

邂逅綠色威尼斯

荷蘭羊角村 綠色蘆葦房屋倒影

二〇〇七年的年底，因為國際佛光會荷蘭協會畢傳有居士往生的佛事，我特地由日內瓦飛往荷蘭，為其主持告別式。法會後的隔天，尚未搭機返國前的空檔時間，當家覺海法師特地安排我們法師一行去羊角村（Giethoorn）參訪，感謝這個因緣，讓我了解原來荷蘭也有威尼斯，荷蘭也有如此美麗的人間淨土。

羊角村位於荷蘭西北方 Overijssel 省，De Wieden 自然保護區內。冰河時期 De Wieden 正好位在兩個冰磧帶之間，所以地勢相較於周邊來得低，造成土壤貧瘠且泥炭沼澤遍布。土壤貧瘠的羊角村，除了蘆葦與薹屬植物外，其他植物不易生長，唯一的資源則是地底下的泥煤，泥炭沼澤遍布，村民靠著挖掘地底下的泥炭維生，不斷開鑿土地，漸漸地就形成了一道道狹窄的溝渠。早期的人為了運送物資方便，將水渠拓寬，就成了四通八達的水道。運河水道交織的美麗景象，也造就了家家戶戶都有一艘船當做交通工具。

羊角村因其美麗的特殊景色，被稱譽為「綠色威尼斯」、「荷蘭威尼斯」，是荷蘭著名的觀光景點，據稱是台灣人最喜愛的景點之一。它擁有許多傳統的農莊、荷蘭小屋以及小步橋，駐足其中可享受悅耳的鳥鳴、濃密的綠蔭、美麗的蘆葦屋、悠閒的氛圍，和有如世外桃源的風景。這裡的交通工具除了腳踏車外就是平底船，村的內陸有座名為 BovenWijde 的小湖，早期在此開墾的居民，在此挖出了一千年以前的山羊角，因此而名羊角村。村裡小橋流水，乾淨自然。夕陽西下，整個村子明亮沉靜，色彩斑斕。大湖上

羊角村以船做為交通工具

美麗的蘆葦屋和小河是羊角村的特色

的水，在陽光下粼粼晃動，像一幅無邊的綢緞。天氣好的時候，水道大湖，都沒有波濤，水面的褶皺亦不細碎，只悠悠地蕩漾，映著藍天白雲，把人都醉了，醉在這片波光粼粼。

進入羊角村，首先看到水面上映照的是綠色的蘆葦房屋倒影，蘆葦屋頂上長滿了青苔地衣，兩旁都是長滿蘆葦草的水道，如詩如畫地令人流連忘返。

房屋都是蘆葦搭成，冬暖夏涼，防風耐寒，既防雨又耐晒，可撐上四、五十年才須翻修，真是最好的建材。過去，羊角村的人因為貧窮無錢買磚瓦，只好用蘆葦蓋房屋，但是如今蘆葦屋卻成了有錢人如醫生、律師方才住得起的房子，而蘆葦這個建材，現今的價格要比磚瓦貴上幾十倍，真是時空交錯，顛倒人生。

荷蘭政府為了維持羊角村的景觀，規定即使屋子轉賣，新的屋主也不能改變屋子的外觀，只能整修內部，根據了解，現今平均一間房屋約合新台幣兩千萬。據說這裡的人們很長壽，能在這裡終老是很多荷蘭人夢寐以求的希望。

漫步在岸邊步道，樹影婆娑，光影在運河上明暗閃爍，讓人不禁想起奧塞博物館內

世外桃源羊角村

展出的法國印象派大師莫內的畫——〈草地上的午餐〉，我最喜歡的是站在木橋上高高地望著河道上來往遊客，看見有人在橋下撐篙導覽，總是內心歡喜，令我體會到歐洲鄉村的生活，是如此悠閒的心情，讓自己遨遊在宇宙天地之間。

在羊角村，我完全看不到一片垃圾，水道兩旁乾淨美麗，因為湖泊水道交織，清潔隊也是透過「垃圾船」來維護這裡的美麗景色。據了解，這裡一個星期才收一次垃圾，村民以專用的垃圾袋將垃圾包好，放在家門前的水道旁，清潔隊駕駛著「垃圾船」收垃圾，維護這裡的美麗清淨。可見要有美麗清淨的淨土，必須大家同心協力，團結一致地努力，方能保有這片如詩如畫的風景。

觀光是無煙囪工業，是可以永續經營的產業，台灣譽稱為「福爾摩沙」，也就是美麗之島，風景美，人心更美，如何能吸引全球的人到台灣觀光，是值得思考的大課題。這幾年從歐洲回國開會，看到空蕩蕩的機場都令我感嘆萬分，不禁要說：台灣加油！

冰磧帶：高山地區的地形，從垂直方面來講，具有明顯的分帶特點，三千五百公尺以下為森林帶，三千五百至五千公尺為草原草甸帶，五千至五千五百公尺為冰川冰磧帶，五千五百至八千公尺以上為高原冰川寒漠帶，並常以冰雪岩混合地形為其特徵。

人文

萄牙特色小鎮歐比多斯

日內瓦湖邊深秋楓葉

滿謙法師在葡萄牙亞速爾島

金色布拉格

丹麥老城博物館

人間探索

修道院大門

「陸止於此，海始於斯。」

此語道盡地球陸地的寬廣和海洋的遼闊，

也顯示人的渺小和生命有限。

然而人類的思想，卻可上天下地、穿破雲霄。

慧智與修養開啟的，

是人心的柔軟、開放、寬容與感動，

人間有天涯海角，人文乃地久天長。

望盡天涯海角

歐洲之角　歐洲大陸的最西端羅卡角

到葡萄牙弘法幾次聽說「歐洲之角」大名，每次都有佛光幹部熱心地問我：去過沒有？但弘法匆匆，總是無緣前往。感謝閻立維居士的熱誠，這次忙過茶禪活動後，在最後一天的最後三個小時，開車帶我們去「天涯海角」一趟，了一樁心願。

立維居士一路開車，由葡萄牙首都里斯本往西行二十八公里，經過美麗的海濱城市——卡斯卡伊斯（Cascais），一路上風光旖旎，四季如春，建築千姿百態，海灘是細膩的白沙，岸邊有成片的棕櫚，海水湛藍，平靜如畫。從卡斯卡伊斯市區開車十分鐘後，就來到了歐洲大陸的最西端羅卡角，也稱為岩石角。

這個「陸地之盡，海洋之始」的著名景點——羅卡角（Cabo da Roca），位於里斯本西南方的海岬，面臨大西洋，因為它是位於歐洲內陸的最西邊，所以也有「歐洲之角」之稱，這裡三面環海，崖高壁陡，風急浪高，四周是茫茫荒野和光禿禿的岸石，岸邊海浪不斷地拍打，令人發出思古之懷。

由停車場通往斷崖的是一條鋪在山坡上的曲折小徑，小徑兩側開滿了一種模樣似睡蓮

於歐洲之角遠眺大西洋

的不知名黃花，布滿整片山坡，單看並不覺得很美，但「數大」便是美。一大片連綿的色彩震懾動人，立即吸引我的視線，趁著夕陽餘暉，我立即按下快門，留住這千載一時的時刻。

當天大風吹襲，一路奮勇向前頗費力氣，我興奮地邁向指標性的石碑，迫不及待想看看詩人卡蒙斯抒寫的字句。終於走到了崖邊，只見標誌性的「歐洲之角」矗立著，標誌是一座用岩石堆起十幾公尺高的柱子，上面有金屬的十字架，保佑著航海者的平安；在長滿鮮花的山坡上，有一紅色的貝倫燈塔。站立在石碑面前，碑上鐫刻著十六世紀葡萄牙著名詩人卡蒙斯的詩句：「陸止於此，海始於斯。」一陣海風強烈吹襲，我的長衫衣角飄拂在海岸邊，想起林夕先生〈天涯海角〉這首歌曲最後兩句是「天地有涯風有信，大海無量不見人」，站在這海天無邊的歐洲之角，臨海茫茫，遙視遠方，頗有身處天涯海角之感。

雖然卡蒙斯所寫的只是「陸止於此，海始於斯」兩句話，卻道盡地球上陸地的寬廣和海洋遼闊的無邊，也顯示出人的渺小和生命的有限。

我站在「歐洲之角」，面對浩瀚的大西洋，遙望對岸天之涯的那一端，想到彼岸的美國國土上有一尊象徵美國精神的「自由女神雕像」，其銘文是：「把無家可歸和飽受風暴的人送給我吧！」而眼前這塊土地是歐洲大陸的一角，碑文上說「陸止於此，海始於斯」，這跨大西洋的天涯海角之間，一方是天地的遼闊無邊，讓人心靈無限擴大，一方是心胸廣大慈悲救濟精神，兩者都令我感動不已。

羅卡角這塊總是帶著隱隱蒼涼慨嘆之感的地方，大概是因為大風的吹襲吧！尤其大西

葡萄牙南部漂亮的沙灘 石灰岩懸崖的海岸

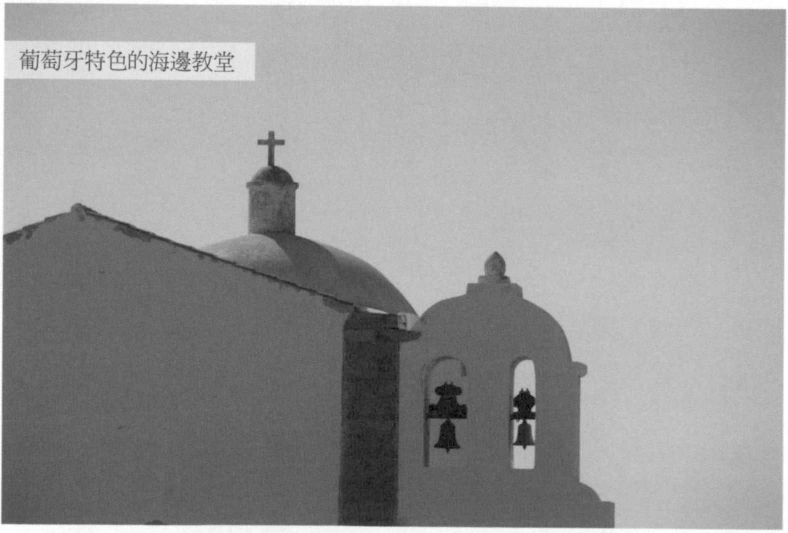
葡萄牙特色的海邊教堂

洋上冷霧迷茫，洶湧的波濤舞打著陡峭的危崖，文人雅士來到這裡，思潮一定如拍岸的浪潮般，撼動著心靈！渺小如我，但願在這廣闊的歐洲之角，望盡天涯海角，能夠慈悲為懷，心靈高遠，容天容地，無所不容。

1卡蒙斯：葡萄牙文學史上最傑出的詩人（一五二四—一五八〇），寫作多首抒情詩、牧歌等，主要作品為史詩《盧濟塔尼亞人之歌》。曾隨探險隊遠征印度果亞與澳門，一九八二年澳門大西洋銀行發行的五十圓澳門幣鈔票正面為其肖像。一九八八年，葡萄牙政府和巴西政府決定以「卡蒙斯」的名字共同設立葡萄牙語的最高文學獎。

2陸止於此，海始於斯：《盧濟塔尼亞人之歌》是葡萄牙文學中的一顆明珠，描寫達．伽馬遠征印度的故事，歌頌葡萄牙人在征服蒼茫大海的過程中所體現出的才智和不畏艱險的精神。作者卡蒙斯不僅是位傑出的詩人，同時也是名航海者。詩中一句「陸止於此，海始於斯」成為千古名句，被雕刻在位於歐洲最西南端——葡萄牙羅卡角的紀念碑上，以示葡萄牙人對航海者和大海的尊敬和深情。

人文精神的力量

巴黎鐵塔是法國的象徵代表

到巴黎，艾菲爾鐵塔是每個人不會錯過的景點之一。辦完茶禪活動後，聽麗珠說最近三個月，是法國負責歐盟值月的日子，鐵塔晚上會顯示藍光和歐盟的標誌。聽到這難得的好消息，無論如何都要選一個夜晚去留下一張美麗的歷史照片，於是一群人就在巴黎的街頭四處來回取景，希望留下珍貴的歷史片刻。

千辛萬苦下，終於拍到了極為美麗的鐵塔藍光，歡喜之餘，心中默默感念當年那位沒有將巴黎炸毀的德國的肖爾蒂茨（Choltitz）將軍。如果不是這位知識分子的良知堅持，現在的巴黎花都恐怕就要改名為「巴黎廢墟」了，大家再也無法欣賞這美麗的鐵塔了。

翻開巴黎的歷史，這座鐵塔在一八八九年就豎立在巴黎市內，將近一百二十年的光陰歲月裡，這座鐵塔在通信和軍事上一直扮演重要角色。

這座鐵塔曾經差點被納粹炸毀，希特勒對肖爾蒂茨將軍說：「巴黎一旦遭到盟軍進攻，必須被完全摧毀。在國防軍離開的時候，不能留下任何東西，無論是教堂還是藝術博物館都不例外。」最後，希特勒強調柏林將向法國派去「一切可能的增援」，並且提醒肖爾蒂茨「絕不要惋惜巴黎被摧毀」。

肖爾蒂茨一九一四年入伍，曾身經百戰，戰功顯赫，被稱為「鐵血將軍」，上級對他的評語是「從未質疑過任何命令，不管這個命令有多麼殘酷」。

然而，在他領受希特勒的命令，「在必要時摧毀世界上最偉大的城市之一——巴黎的任務」，使他開始在軍人職責與道德良知之間猶疑不定。他清醒地意識到，他原來效忠的人已喪失了理智，他本人將執行一項瘋狂的命令。

這項任務使他左右為難，因為巴黎數十萬人的生命、幾百年來的城市建築、人文藝術和文物珍寶已危在旦夕，就掌握在他的手中。隨後希特勒又頒布一道令將領們心生恐懼的命令，這個新的整肅令要求將所有前線官兵的親屬扣為人質，一旦有人投降、臨陣脫逃或「叛國」，其親屬都將被立即處死。

在猶豫不決中，肖爾蒂茨雖然還是依著他的「軍人職責」開始為炸毀巴黎做準備，炸藥和魚雷布滿各處。但這段時間他一直想盡辦法拖延任務。不久他又接到了命令，要他炸毀塞納河上的橋梁，希特勒在命令中再次強調：「除非巴黎變成一堆廢墟，否則絕

法國巴黎聖心教堂

對不能落入盟軍手中。」肖爾蒂茨已對他將執行的命令中的意義產生了懷疑，他深知毀掉巴黎的鐵塔和橋梁乃至整個巴黎城，都不會阻止盟軍前進的步伐，而做為一位知識分子，良知告訴他，巴黎是人類的文化遺產，於是他決定抗命不從，以自己的生命為代價保住這座古城。

從巴黎被保留下來，我一直思索為什麼歐洲的人文如此薈萃，深厚而高的歐洲文明源自何處？從肖爾蒂茨將軍的身上我看到了人文精神的力量，這個力量讓一個知識分子能夠堅持，堅持一種「內在的實踐」。

作家龍應台在〈什麼是文化？〉這篇文章中提到，一個人讀書最重要的是對於心中某種「價值」和「秩序」的堅持，在亂世中尤其黑白分明起來。她認為面對蠻橫的強權，抵抗的姿態是對「價值」和「秩序」都有所堅持。

讀書所作何為？所學何事？人的生命就在堅持中展現價值。我想這就是知識分子要有人文關懷，要提升文化內涵的原因，面對現代社會「價值觀混淆」和「秩序失序」的現

法國巴黎蒙馬特高地上的聖心教堂

聖心教堂是典型的折衷主義風格建築

象，抵抗的力量所源，就是文化。

我深信歐洲各國在歷經千餘年的戰爭變遷中，仍能留下這麼多偉大的建築和典章制度，那是無數知識分子因堅持所形成的人文力量。

德國警犬學英語

布蘭登堡門是柏林代表地標
見證了無數的政治文化變遷

到歐洲弘法，最挑戰的事情就是語言和多元種族文化不同，許多法師和當地信眾都大吐苦水，因為如何能學會這麼多種語言呢？在歐洲國家至少要學會三種以上語言，從小學開始除了本國語言，還要學習第二語文和第三語文，因此只要和歐洲人接觸，可以發現他們都是語言專家。

我派駐瑞士日內瓦，光是瑞士這個小國家就有四種官方語言「德語、法語、義大利語、羅曼語」，再加上英文那就是五種語言；日內瓦講法文，搭車到伯恩就要講德文，到了另一個城市語言就要轉為義大利語，難怪語言問題大家都頭痛。

我們感嘆語言難學，但最近看到一則消息，德國警犬也要學英語，狗都要學語言才能生活下去，人呢？不是更應該努力嗎？這則消息說，基於英國本土缺乏合適的犬種訓練為警犬，英國警方現在急缺警犬，為了應急，英國向德國引入一批狼狗，但這批狼狗不懂英語，迫使英國警察學德語指揮牠們。中部德比郡警察部率先試用德國狼狗後，發覺牠們極具效率，而且服從性高，推動另外十六個地區也引入每隻售價高達二千英鎊的德國狼狗當警犬。

然而，德國進口的警犬不明白英語，英國警察若對德國狼狗說英語，狼狗會眼睜睜地望著他們，完全不明白他們說話的內容。一些英國警察表示，跟德國狼狗說英語，牠們一點反應都沒有，既然德國狼狗未學英語，只好由英國警察學德語跟狼狗溝通。德比郡警察部發言人表示，當局會設法令德國警犬明白英語，例如警察會再三以英語向德國狼狗發出指令，務使牠們逐漸懂得第二個語言英語，連英國警察也大嘆學德語不易。

進口德國的警犬雖然有些麻煩，但這也有一個好處，英國罪犯聽不懂德語，比較不容

拆下的柏林圍牆供後人憑弔

東西德統一柏林圍牆倒塌改變了許多人的人生

易洩密。看來世間上的事情有利有弊，沒有絕對圓滿的，因此往好處想最能讓自己自在快樂些！

談起語言的多元性，我最佩服的是瑞士這個國家，雖然官方語言多，語系複雜，但是溝通沒有障礙，語言是一種文化背景，也是一種邏輯和思惟模式的養成，德語區的嚴謹、法語區的優雅、義大利語的熱情等，而來自世界各國移民的語言，在在顯示瑞士美麗和諧的景致，彼此互相尊重與包容的精神。

瑞士是全世界實行公投最高的國家，大大小小的事情都訴之於公投。小事要公投，例如一個人要加入瑞士國籍，必須要全村的人公投表決，只要有一人反對就不成，因為全村的人認為入籍後就是自家人，未來要照顧其養老等事宜，因此頗為慎重。入籍儀式也非常隆重，入藉的每個人會由當地政府製作一組金杯器具，刻上他們的名子，凡是全村活動就會取出該杯子喝酒慶祝一番。其他如當地的百貨公司要延長營業時間，也要公投通過才能實施，真是典型的民主風範。

德國德勒斯登老城區

舊柏林佛光山正門

大事要公投，例如瑞士是否加入歐盟。歐盟國家從五十年前開始努力到現在，有二十五國家加入，貨幣統一，海關門戶大開，通暢無阻，真是方便呀！想到過去瑞士人用法郎，到了英國用英鎊，瑞典和挪威用克朗，歐盟統一後，各國大都使用歐元，無須攜帶各種貨幣硬幣，真是方便無比，不知道未來全世界是否可以只須使用一種貨幣就能買賣流通？那真是無比暢通。

又是否未來全世界只要一種語言就能溝通呢？人類能無所障礙地交談，了解彼此，互相合作，互相友愛，和平共處，在歐洲，我開始夢想著那一天的到來。

小公民 大智慧

撒尿小童銅像在街角處

到荷蘭舉辦「日日是好日」茶禪悅樂後，利用短暫的半天帶領金春枝老師等，前往比利時布魯塞爾市區，尋找最可愛的「撒尿小童」。

下車後走在市區裡許多人相繼來問路：「如何前往撒尿小童處？」哎！布魯塞爾的地圖雖然清楚，但是巷弄實在太多太亂，許多人都迷路了，怎麼走都走不出去，就像是陷入了迷宮似的。正無所適從的時候，陪同前往的佛光義工立即為他們指路，大家一同興奮地邁向這個比利時最著名的景點。

這座比利時小英雄塑像豎立在布魯塞爾大廣場附近的埃杜弗小巷裡，全世界無數的人們都要來一睹其可愛俏皮的丰采。撒尿小童之所以有如此大的名氣，相傳在一次比利時人反侵略戰爭期間，失敗的侵略者在逃離布魯塞爾之際，點燃了通往市政廳地下火藥庫的導火線，企圖將市中心一帶的建築物夷為平地。此時，有一位名叫威廉的小男孩發現地上有一條正在燃燒著的導火線，他緊張萬分，不知如何是好，就在想方法找人來解決時突然急中生智，立即撒泡尿把點燃的導火線澆滅，使布魯塞爾市民和建築物倖免於難。

為了紀念這位機智勇敢的小男孩，一六一九年比利時雕塑大師捷羅姆・杜克恩諾精心創作了這尊高半公尺的銅像。他塑造的小男孩姿態生動，形象逼真，十分逗人喜愛。小童頭髮捲曲，鼻子上翹，嘴角掛著微笑，赤身露體，插腰挺肚做撒尿澆滅導火線火苗狀。由於小童銅像腳下連著噴泉，因此撒尿源源不斷。每年狂歡節的這天，小童撒的是啤酒，狂歡的人們無不爭先搶飲，其樂融融。

布魯塞爾人喜愛這尊神奇可愛的銅像，親切地稱他為「布魯塞爾第一公民」，或稱「比利時小英雄」，把他視為布魯塞爾的象徵。而來此的遊客看後，乾脆直呼其「尿童」。尿童雖小，但各國領導訪問比利時，都會去看望他，並且贈送當地特色的衣服給他，現在他已經有七百多套華麗的服裝了，而且還有兩名管理員，每天都會為他換上不同的服裝，他可堪稱世界上最講究穿著的小雕像。

我們到達「撒尿小童」處，孝謙和孝讓說：「哎呀！原來這麼小。」雖然我已經事前告知銅像很小，但是目睹的剎那，還是感到不可思議，因為他真的是太小太小了。

撒尿小童是大公民

布魯塞爾廣場上建築雕像

我笑笑地說：「是啊！他是很小的小公民，可是卻有大智慧，名氣比所有的比利時人都大呢！」一旁的義工說：「他可是最有名氣的比利時第一公民耶！」

大家和尿童獨照之後欲罷不能又合照，總之就是要和這位民族小英雄永遠留影在世間。參觀後我問大家對比利時的印象？大家印象最深的還是這位小英雄——尿童，因為全世界一般國家都是以政治或是軍事上的著名人物為象徵，而比利時的國家象徵最為奇特，是一位撒尿的小童子。

我們經常會對小孩子說：「小孩子有耳無嘴。」對於小孩子總認為還小沒有智慧，擔心小孩講錯話，要小孩多聽不要開口，但在佛教裡有所謂「四小不可輕」，也就是不要輕視小孩子，小王子會成為大國王、星星之火可以釀成大火、小龍有一天會成為大龍王，「撒尿小童」的例子就證明了「小不可輕視」。

偉哉！「撒尿小童」展現大勇氣，果真是小公民大智慧。

慈悲的力量

觀世音菩薩慈悲的力量

這兩天報紙上刊登日本法務省去年引入民營監獄，一方面可減少縣政府開支，另一方面可引入民間智慧管理監獄。民營監獄最大特色是引進高科技管理囚犯，囚衣上裝有晶片，警員可監控囚犯的活動。民營監獄按照就業趨勢為囚犯安排針對性職業培訓，中醫藥、針灸推拿、美容、導盲犬訓練和工業繪圖都是熱門職業訓練。民營監獄逐漸化身成職業訓練所，讓囚犯出獄後有穩定職業，減低他們重犯機會。

十八世紀義大利法學家貝卡利亞在《論犯罪與刑罰》文中云：「只要有一種慈善的力量做引導，就能使罪犯為公共福利服務。」這話確實一點不虛假，無論是有權勢或是身分低微的人，只要能夠發出慈善的力量，都會得到正面的回應，善的循環，都會影響這個世界。

這使我想起了有「美國的雅典」之稱的波士頓城內的一位老鞋匠，一百六十年前這位又窮又老、無親無戚的老鞋匠約翰・奧古斯都，以一顆愛心，在十七年間共為二千多人擔任過「緩刑擔保人」。他與這些貧窮無助、偶犯過失的犯人們交朋友，幫助他們找工作，鼓勵他們改過自新、照顧家庭和鄰里。當緩刑期滿，鞋匠約翰總是親自陪同被告人出庭，也總是親筆向法官提交一份報告，描述被告在緩刑期間的表現。而法官也往往很相信他的報告，對表現良好的被告人，通常也是遵循先例——象徵式地罰款一分錢便予以釋放。不久，麻省正式通過一項法律，在州司法部之下成立一個「緩刑司」的機構，來推廣這種「仁心仁術」的新刑事司法制度。不出幾年，全美國三十多個州也紛紛效法麻省設立「緩刑司」，而鞋匠約翰・奧古斯都，則無意中成為了全美國的「緩刑之父」。

這位補鞋匠慈善的力量，來自某日清晨，一位衣衫襤褸、蓬頭垢面的年輕人被帶進了法庭，他是因為在公共場所酗酒鬧事被告，但沒錢交保釋金。鞋匠約翰看到年輕人的眼裡閃現出一種惶恐、不安的情緒，一股惻隱之心便湧上心頭，於是約翰前去了解這位年輕人的情況。原來他本是一位機器維修工人，有一手良好的鉗工技術，已有女友還未結婚，但女友已經懷孕。他不想進監獄，不想失去原有工作，不想讓孩子一出生便要去監獄探望爸爸⋯⋯如果能不入獄，他保證將一生戒酒，好好工作，重新做人⋯⋯。但，他現在的困難是，他沒錢交保釋金。

約翰對這位年輕人充滿同情，他暗暗思忖：這位青年還有希望，於是，他毅然地向法官表示：願做他的擔保人，保釋他出去。約翰古道熱腸的精神，深深地打動了法官。由於當時的波士頓，犯這類輕微罪行的犯人實在是太多了，造成監獄人滿為患，二來進入監獄，使好人也會學壞、變壞，如何去解決這個棘手的司法難題？法官靈機一動，同意了約翰鞋匠的請求。他下令：被告人延期三週審判，三週之後再回到法庭上來，法官到時將視具體情況做最後判決。三週後，鞋匠約翰親自陪同被告人返回法庭。這時，以前那個蓬頭垢面的醉鬼，據說，已經變成了一位容光煥發的年輕人。鞋匠約翰只讀過兩年書，他用自己不多的文字能力，努力寫了一頁的書面報告呈交給法官。上面寫著：他——約翰．奧古斯都，以上帝的名義發誓作證，證明這位年輕人三週以來滴酒未沾，一直勤奮工作，空餘時間還去照顧社區的孤寡老人。做出證詞的，還有這位青年所屬街區的交警和教堂的牧師，他們的證詞與鞋匠約翰所說的基本一樣。法官一見大喜，當場宣布釋

瑞士佛光山觀音像

放被告，並象徵性地對被告罰款一分錢。那位年輕人緊緊地擁抱著鞋匠約翰，喜極而泣。據說，從此以後，這個人終生不再飲酒，變成了一位守法勤勞的好公民。

一位補鞋匠的慈悲愛心，改變了一個人一生的命運，同時，也極深刻地影響了美國司法制度的文明進程。鞋匠和法官的靈光一閃，創出美國法律史上一個全新的思惟——「懲罰與教育」相結合的新局面。

家師星雲大師曾經說過：慈悲是做

人本來應該具備的條件。一個人什麼都可以失去，就是不能沒有慈悲。慈悲是這個世間上正向的引導力量，慈悲並不是一個定點，而是情感的不斷昇華。慈悲不應該有省籍的界線與地域的分別，應該是一種不以己悲，不以物喜，卻能以天下之憂為憂，以天下之樂為樂的胸懷。

人生在世，什麼都可以沒有，但不能沒有慈悲。

夢幻光影的印象畫

莫內花園光影瞬間變化無常

七月到巴黎佛光山為信眾講演「禪與人生」，講座過後，擔任香燈義工多年的Amy，笑眯眯地拿了兩本印象派畫家莫內的複製畫冊送給我。因為上週日會員信眾們在法師帶領下，旅遊踏青一日，欣賞了莫內的睡蓮畫作；又看到我的書《雲海在望》中提到曾經種蓮花，因此想到我也會喜歡，特別送了兩本，讓我欣賞印象派大師莫內的睡蓮。

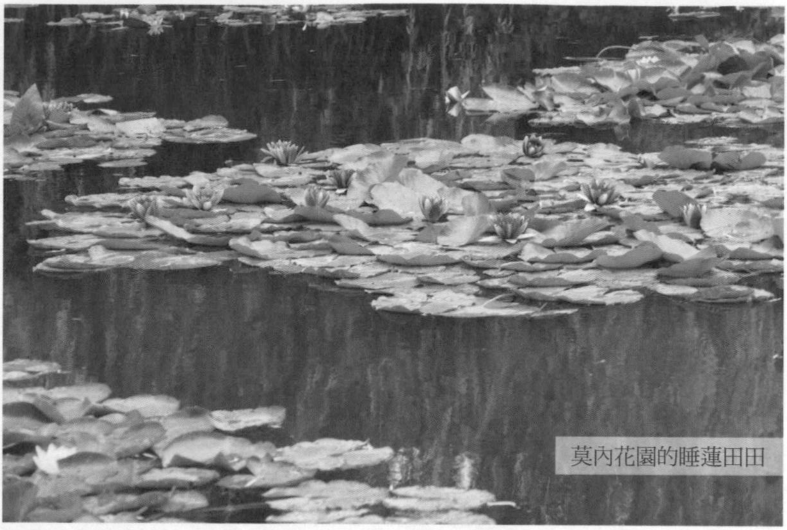
莫內花園的睡蓮田田

在歐洲，蓮花很稀有，聽到有蓮花，就不禁想去看看。週一道場放香，為慰勞在巴黎道場的長期義工莊惠玲居士，和幾位週末留守道場看家，成就大眾去踏青的菩薩們，常住特別安排大家去莫內花園走走，我和兩位沒去過的法師也乘此機緣和放香日，一起前去花園欣賞蓮花。

真是沒料到光是加油這件事，就折騰了一個半小時。我們一行人一大早已經在車上張大眼睛尋找所要加的油料，卻遍尋不著，原來這是特殊的油，都放在一般油的對面，難怪找了許久都無法找到。加足了油開上高速公路，等我們抵達莫內花園的小鎮，都已經是中午時刻了。簡單用了餐後，立即進入花園，我選擇直接往蓮花池去欣賞花，走到半路突然下大雨，一群人躲在地下道內避雨，望著陰霾的天空雨要停似乎困難，二十分鐘後義工順春送來了兩把莫內的名畫傘，讓我們可以在雨中散步欣賞花園，令人喜出望外。

運氣真好，下雨過後天色特別清朗，尤其樹葉、花草都洗滌得特別乾淨，許多葉子上還有雨珠滾動，尤其是蓮池中的睡蓮姿態婆娑，配上下過雨的點點水珠，美不勝收，眼前的景象彷彿一幅幅莫內的油畫真實呈現，那幅〈睡蓮・和諧的綠色〉如此地歷歷在眼前。我終於明白為什麼印象派的藝術大師們都是這樣繪畫，原來印象畫派的畫風是透過大自然的景象，向大自然學習而來的。原來大自然中的景象就是如此，而今日也非常地幸運，由於剛剛下過雨，經雨水洗淨的睡蓮和湖面上的水，呈現的光影特別變化萬千，所有拍攝出來的照片，彷彿是莫內的畫一般。我開玩笑地對滿容法師說：「我現在擁有許多莫內的名畫，回去可以送你百萬名畫喲！如假包換。」他開心地笑著點頭。確實拍出來的照片就如一幅幅的畫，尤其是焦距不清晰的相片，更是有油畫的效果，模糊的比清楚的更美，原來有時候不一定要很清楚，朦朧也是一種美。人生不也如此嗎？有時候人際相處無須說得太清楚，以一種禪心面對，大智若愚，讓彼此有空間之美更好。

據說印象派的命名源自於莫內於一八七四年的畫作〈印象・日出〉，遭到學院派的攻擊，並被評論家路易士・勒羅伊（Louis Leroy）挖苦是「印象派」。這個封號是因為西元一八七四年，這群畫家們舉行了第一次的聯展，前往會場觀賞的人很多，可是，對於新的題材、新的觀念，都抱著「看笑話」的態度，買畫的人更是少得可憐。其中畫展中莫內的〈印象・日出〉最為突出，遭來藝評家的嘲笑，但是這群畫家不為所動，並不因此停止新的嘗試與探索，繼續以這種特色作畫，連續舉辦聯展，其中有些人還採用了藝評家用來嘲笑他們的名號——「印象派畫家」。

印象畫派在當時不為主流藝評家接受，甚至被挖苦，因為這種畫風突破以往侷限於宗教和歷史的題材，在創作技法上反對因循守舊，主張藝術的革新，強調人對外界物體光

法國巴黎橘園美術館莫內畫作

和影的感覺和印象。但是我卻欣賞這種特色，在不同的時間和光線下，對同一物件做多幅的描繪，從自然的光色變幻中抒發瞬間的感覺。這在禪宗裡就是「直觀」，不假思索，不經雕琢造作，直心而觀、直心而畫，這種創作筆觸未經修飾而顯見，構圖寬廣無邊，尤其著重對光影的改變、對時間的印象，並以生活中的平凡事物做為描繪對象。

由於印象畫派畫家一心要畫「眼睛所看見」的物體，而且堅持要畫出「眼睛所看到的一切」，包括景物以及景物周邊的光線、空氣，結果繪畫對象的形體，反而被溶解到光線、空氣當中，成了斑斕的光影與色彩。普通的景物成了繪畫的主體，顯示出一種偉大感，也展現出一個個體平等的生存空間。這種畫派著重於描繪自然的剎那景象，使瞬間成為永恆。在繪畫技巧方面，對光和色進行了探討，研究出用外光描寫物件的方法，並認識到色彩的變化是由色光造成的：色彩是隨著觀察位置、受光狀態的不同和環境的影響而發生變化。

八月在巴黎佛光山工程會議上，遇到來自台灣宜蘭的畫家沈東榮，和他討論莫內的畫，他提到欣賞印象畫派的作品時，要站在一定距離之外去欣賞，才會發覺到圖案反射的光線形成特殊的輪廓和形體，因此而意會到繪者要表達的「印象」。這是因為印象畫派試圖突破傳統，開始研究大自然的光線與顏料之間的色彩差異，運用原始的色塊和條紋，不經過混色而直接在布料上著色，讓這些純色由觀賞者的眼睛加以重組和融合，表現出光線的千萬種變化，特別是透明度和明亮度，當下傳達給觀賞者深刻的「印象」。

當天在莫內花園，我繞了三匝欣賞蓮花，一方面感動於大自然的美，另一方面是其他慢到的人，希望我陪他們再去看看，所以一共看了三回。也正因為看了三回，每次在不同角度看蓮花和其倒影，都有變化；尤其慶幸的是，花園經過這場大雨後，湖邊花影水珠瞬間變化，更令人體會到大自然的光影變化。從蓮花的光影變化中看到，彷彿正訴說著《金剛經》經文：「一切有為法，如夢幻泡影，如露亦如電，應作如是觀。」看到如此的景象，不禁想要將瞬間留下成為永恆，我採取用相機拍攝下來分享給大眾，回到道場看到油畫般的蓮花，我都心動地想要提筆畫畫了。想想大自然真是最好的老師，無時無刻不在說法，宣說「空有不二」法門。

深秋拜訪伏爾泰

伏爾泰故居深秋

今年的深秋，天氣寒冷得特別早，舉辦過藥師法會後，零下三度的氣溫，覺彥法師開車陪同我前往離日內瓦十分鐘車程的小鎮伏爾奈（Ferney），一同前行的還有楊正妃居士。

正妃問我為什麼想去小鎮，我說：「因為伏爾泰是我欣賞的西方哲學家之一，路程這麼近，當然要去拜訪囉！」

拜現代科技之賜，我們跟隨著導航系統找到了這個小鎮，開到市中心才發現，原來伏爾泰的紀念雕像就在路的正中間，楓紅的秋葉旁，伏爾泰正笑瞇瞇地站在一塊岩石底座上，長髮披肩，身著大衣，微弓著背，手拄拐杖，彷彿剛從遠方的巴黎回來。在蒼冷的秋日下，他的那雙眼睛深邃而充滿智慧，揶揄戲謔的微笑中注視著往來這個小鎮的每一個人，可以看到他堅韌的意志、諷刺的才智，和洞察毫末的穎慧。

三百多年前，在十八世紀的法國和歐洲，伏爾泰慧黠精明的雙眼猶如明燈點亮了「啟蒙運動」的火焰，他向內探索人類理性，向外探索世界文明，影響了整個時代的思惟。

伏爾泰故居落葉繽紛

啟蒙運動旗手伏爾泰雕像

這位啟蒙運動的旗手、思想界的泰斗，使整個歐洲都不能不傾聽他的聲音。雨果說：「伏爾泰的名字，不僅代表一個人，而是一個時代。」

伏爾泰身處在法國奢華腐敗又專制的王權下，他以銳利的眼光，分析當時政治情況，看出了時政敗壞的根源，預言了「法國必將滅亡」。一七八九年法國大革命推翻了波旁王朝，並將路易十六送上斷頭台，他的預言果真實現。即使數次對當權批判而被關入巴士底獄，依然不改其個性。他曾流亡到海峽對岸——英國，受到英國民主思想的啟發，著名的《權利法案》奠定民主政治基礎的國度，使伏爾泰呼吸到自由的空氣。他在英國大開視野，把所見所聞和法國做一比較，看得更多，想得更深刻，見解就更澄澈了。

在英國，伏爾泰除了觀察了政治的民主和對文人的尊重，還看見了宗教的寬容。當時英國有三十幾種宗教和平相處，不像法國在天主教淫威之下，欲以火與劍來統一人民的信仰。他曾說：「如果在英國僅允許一種宗教，政府很可能變得專橫；如果只有二種宗教，人民會彼此割斷對方喉頭；當有大量的宗教時，大家卻能和睦地相處，幸福地生活。」言論自由與宗教寬容是啟蒙運動思想的二大主軸，伏爾泰拿英國與法國的狀態相比較，透過他的雙眼，人們更精確地看到了言論自由與宗教寬容的真諦，以及對人類幸福所帶來的保障。

伏爾泰曾說：「寬容是什麼？它是人性的特點。我們所有的人都有缺點和錯誤，讓我們互相原諒彼此的愚蠢，這是自然的第一法則。」

民主與寬容，都是我們這個時代努力追求的目標，是自伏爾泰後三百多年來，不曾改變的人類價值。他那雙智慧的雙眸，不僅凝視著十八世紀那個時代，也遠眺二十一世紀，像一盞明燈，提供現代人檢視真假民主的依據。

伏爾泰有句名言，頗能道出民主政治的真諦：「雖然我不同意你說的話，但是我誓死維護你說話的權利。」這句話也道出了啟蒙運動最主要的訴求：寬容。

星雲大師在國際佛光會世界大會的主題演說中提到：我們的心量能包容多少，就能夠完成多大的事業；唯有包容眾生的一切長處、缺點、創傷、挫敗，我們才能擁有全部的眾生。

世間需要寬容，同中存異、異中求同，包容異己者存在，方能和諧共處。

卡爾摩修道院毀於地震　伏爾泰因地震作《里斯本震災輓詩》

相約西墉古堡

正妃仁者　道鑑：

謝謝您對於〈深秋拜訪伏爾泰〉文章的回應，尤其是附件中的兩張照片，傳達秋天楓葉的金黃燦爛和烈火紅似的熱情，讓我在深秋中尤其感到溫馨。信中說：「您自今年八月在《人間福報》開始刊登的「世界之心看歐洲」專欄，我可是篇篇都有拜讀。坦白說，您這篇造訪伏爾泰小鎮後，所寫關於歐洲文化省思的內涵，是最令我欣賞的！或許也是因為其中您提到許多關於英國啟蒙，以及許多開放式的思潮對他的影響，實在讓對英國有特別情感的我，倍覺深有同感。此外，這句話『雖然我不同意你說的話，但是我誓死

滿謙法師於西墉古堡

維護你說話的權利。』也深深地道出我自小所崇尚的歐洲思潮中，影響我為人處事很深刻的一個理念。」

您提到這篇是所有文章中最欣賞的一篇，因為談的是歐洲文化省思的內涵。確實到歐洲來這兩年，我一直在探索歐洲的文化內涵，為什麼在歐洲境內，各個國家生活中，都能夠展現出深厚的人文素養和民主自由？為什麼歐洲的公共制度能夠徹底落實？這與傳統的亞洲社會中講究私德，卻漠視公德，忽略公共大眾的權益是有落差的。我的意思不是歐洲什麼都好、亞洲什麼都差，而是亞洲、歐洲社會各有優缺點，如兩者之間能夠優缺互補，是為人類之福。從身處歐洲的所見所聞裡，讓我思考亞洲社會裡的問題，和有待改進之處，在歐洲的硬體建築中，我可以尋跡了解其宗教人文思想，從哲學、文學家的文章言行當中，我可以探索歐洲的文明根源。這也是為什麼每到一個城市，我都要去閱讀人事物，透過雙眼所見，雙手用照相機記錄影像，再仔細思惟省思，讓歐洲的文明、人文素養和聖賢的思想滋潤我的心靈，也透過文字能夠分享給更多的人。

瑞士第一大古堡西墉古堡牆景

西墉古堡因拜倫《西墉的囚徒》一詩而舉世聞名

西墉古堡是以石造聞名於世的湖上古堡

我還在學習當中，歐洲有太多可以汲取之處，遺憾的是我的語言能力太差，無法深入德文、法文、西文、葡文、荷文、義大利文、瑞典文等等，不然讀各種資料和文章就更容易了。唉！書到用時方恨少，看到歐洲各國孩童自小就開始學其他語言，到了大學就能夠精通三種語言，這種語言的能力，讓國與國之間，或是如我所居住的瑞士，一國有四種官方語言，都能溝通無障礙。歐盟倡導「共同體」，同體共生的落實，首先就要先學習彼此的語言，讓人我交流無障礙，貨才能暢其流，人才能夠依各國所需任用。

語言之重要，今年初連堅持「法文」是世界上最美的語言的法國人，都收起了驕傲心，法國政府的教育政策，落實在小學時候就開始加入了英文教育。這也激起我想要多學其他語言的動力，諸佛菩薩的四弘誓願「眾生無邊誓願度，煩惱無盡誓願斷，法門無量誓願學，佛道無上誓願成」，唯有誓願多學語文，才能廣度一切眾生啊！

謝謝您的邀請，邀請我到西壙古堡（chillon）去拜訪拜倫和那位憂國憂民的日內瓦的獨立主義者瓦，弗朗索瓦・博尼（Bonivard）。拜倫是我欣賞的文學家之一，西墉古堡離我們在瑞士的道場——日內瓦會議中心不遠，我當然樂意抽空於放香日午後時分去西墉古堡拜訪拜倫，重溫膾炙人口的「十四行詩」《The Prisoner of Chillon》詩篇，體會弗朗索瓦．博尼瓦憂國憂民的心境，雖然我們是不同的宗教，但是憐憫眾生苦痛的慈悲心是相同的，聖賢無二般，慈悲心相繫。

期待回瑞士西墉古堡之約，讓我們穿越時空和詩人拜倫相見，與聖賢心意相會。

滿謙合十

祝　深秋吉祥　心靈豐收

瓦薩船的悲與喜

到瑞典斯德哥爾摩，印象最深刻的除了諾貝爾獎的宴會廳之外，就屬那艘全世界保存最完好的十七世紀之船舶——瓦薩船博物館，它也是北歐遊客人數最多的博物館。為什麼對它有興趣，是因為瓦薩船讓我體會出世間上沒有絕對的好壞，當時不幸的事物，未來可能帶有好的因緣；眼前感到幸運的事物中，可能蘊含了壞的因

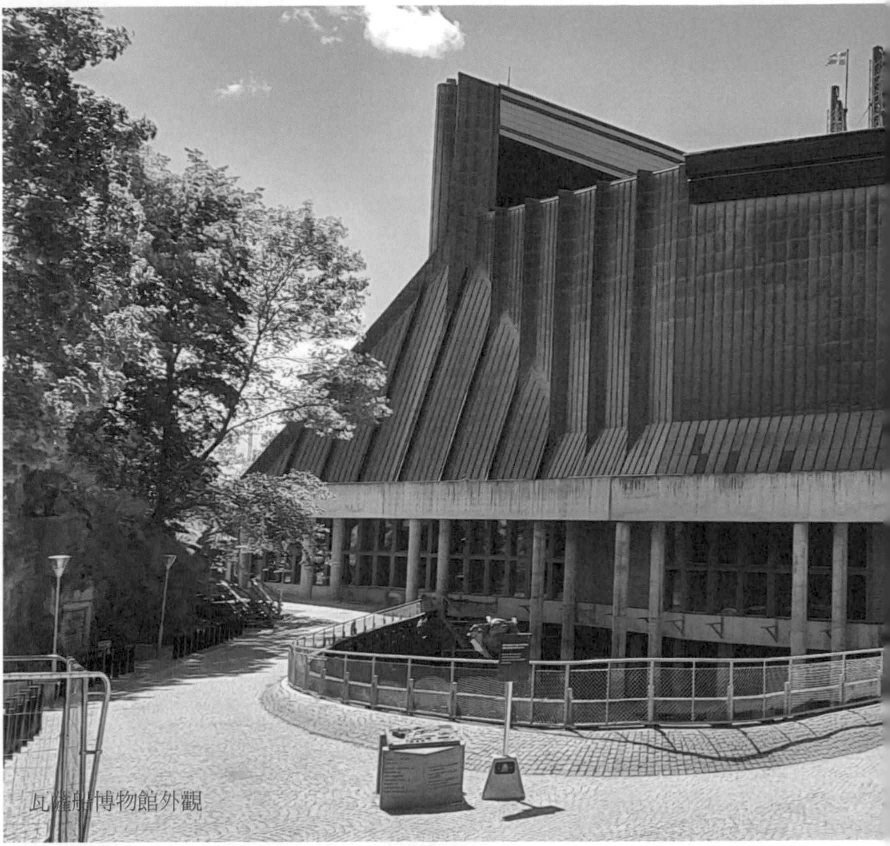
瓦薩船博物館外觀

素，因此觀事情要客觀冷靜地觀，並且跨越時空來觀才不會判斷錯誤。

瓦薩船建於一六二五年，是瑞典國王古斯塔夫二世下令建造。它是一艘戰艦，為了向普魯士國王示威而造。這艘雕飾最華麗、威風凜凜的木造戰艦，造價在當時可說是世界之最，此船歷時三年建造成功，於一六二八年八月十日舉行隆重的下水首航儀式。

瓦薩戰艦在下水首航的當天，全城人民擠在港邊觀賞這艘超級戰艦，當瓦薩號揚起風帆剛駛離碼頭，卻沒想到船隻尚未開到外港，就在一陣颶風吹掃下，船體一陣劇烈地晃動後，海水突然從左舷艙湧進。不久，瓦薩號便慢慢沉入三十六公尺深的海底，海水由槍砲孔灌入船身，瓦薩戰艦轉眼即翻覆、沉沒，造成數十位船員死亡。

當時為追究瓦薩號沉船的責任者，正在海外的國王氣憤地寫信下令全面調查，到底沉船是誰的過失？國王說：「輕率和疏忽，犯罪者應受到懲罰。」船長立

十七世紀之船舶　瓦薩船博物館

即被監禁，等候審判。根據初步審訊，他發誓說：「槍砲已安置妥當，所有的船員出航時候清醒，沒有人喝醉酒。」然而，沒有人願意承擔責任。船員和承包商形成兩個陣營，每個人都試圖指責對方的錯誤，每個人都發誓，都已盡了自己的職責沒有過錯。承包商說因為國王已經批准所有的測量和裝備，船舶是根據指示建造，裝載了二百五十六門大砲和配備額外重量的砲彈、火藥、輔助槍枝、糧食木桶，以及軍官和一百三十三名船員，因為重量過重，導致船舶頭重腳輕，吃水量不夠，一陣颶風吹來就將船沉沒了。

最後，沒有可以找到任何有罪的一方，沒有人被處罰或被判有罪的疏忽，其中阿倫特回答為什麼會沉船，他說：「只有上帝知道。」因為所有的人都沒有錯，最後船下沉解釋為上帝的行為。總之千錯萬錯，都不是誰的錯，是因為因緣條件聚合而造成了這個歷史上的悲劇。沉船調查使瑞典曾喧鬧一時，但最後不了了之，也有人試圖將瓦薩號打撈上來，因技術條件所限，終未如願，此後瓦薩號在水下一直沉睡了三百年。

三百多年之後，許多有心的人士努力奔走籌劃研究，終於在一九六一年四月二十四日，全球媒體的見證下，瓦薩號正式起出水面，消息傳遍瑞典全國大街小巷，國民無不引頸期盼欣喜萬分。

仔細研究這艘四百多年歷史的船之所以能夠保存下來，由於波羅的海域裡低溫、低氧、低鹽度的海水環境，船體被海底微生物進行腐蝕分解的情形近乎微乎其微，所以木船得以在水中安全地保存三百多年。

瓦薩戰艦在文物保存修復界非常具有代表性與重要意義，它堪稱世界最大的水下考古出土遺物，也是世界僅存一艘十七世紀的古戰艦。為了將其雄偉的原貌重新呈現在世人面前，瑞典政府傾全力保存修復這件重要的國寶。

一九八八年，在完成龐大的復原工程後，瓦薩戰艦終於在一九九〇年又和世人會面，重新遷回一九六一年出水後的安置地點，這個地方也同時改建成瓦薩號永遠的家——瓦薩博物館，戰艦由底座的駁船承載航行在海上，堪稱其有始以來，也是唯一一次成功的航行。

修復完成的瓦薩號，氣勢雄偉、壯麗非凡，博物館的開幕吸引大批客參觀與讚歎，成為瑞典最受歡迎，北歐遊客人數最多的博物館。有許多人為了造訪瓦薩號，才到斯德哥

宣揚國威的瓦薩船博物館

爾摩旅遊，瓦薩戰艦終於在四百年後，達成原建者瑞典國王古斯塔夫二世宣揚國威的心願。

瓦薩戰艦唯一一次的首航，航行了四百年之後才達到目的地，向全世界的人展現它的偉大和非凡，從不幸沉船的悲劇到舉國歡騰的船舶博物館，悲喜只在一念之間，從人類時空上來看四百年只有短暫的一彈指之間，相比之下人類的壽命何其短促！

嗨！爭什麼？悲喜只一念間！時空因緣轉瞬即變，把握當下，珍惜生命。

以蒼穹藍天為屋頂

里斯本大地震後的卡爾摩修道院

第一次去看葡萄牙里斯本的卡爾摩修道院（Convento da Ordem do Carmo），當天和雅涵兩人卻吃了閉門羹，因為太晚去了，場地租給人舉行宴會，不得其門而入。

去年十一月到葡萄牙支援法會，中午抽空搭地鐵前往，首次在里斯本搭地鐵，內心卻十分雀躍，只因可體會孤僧萬里雲遊的情境，去面對不可知的未來。

轉了兩趟車終於抵達了，但站立街頭茫茫然不知往哪個方向走，看看前方廣場上的雕塑，決定先往自由大道廣場上走去。行進在波浪形地板紋路的廣場上，令人一陣迷惑，這葡萄牙典型的地板，彷彿令人置身海洋中，站在波浪上乘風快意。在不經意中，竟然看到了那棟我要去的目標，於是以無屋頂的修道院為標的，一路向陡峭的斜坡前行。

卡爾摩修道院是中世紀里斯本哥德教堂的代表作之一。是葡萄牙若昂一世時期的年輕將軍皮耶阿爾裴斯（D. Nuno Álvares Pereira）所建，他在阿爾傑巴爾羅達之役（一三八五）中，將他最後的八年歲月用於建造修道院，完成後的修道院無比莊嚴雄偉，然而不幸在一七五五年的十一月一日，里斯本發生歐洲歷史上最大的一次地震，修道院被震成目前

卡爾摩修道院大門雕像

卡爾摩修道院牆上雕像

卡爾摩修道院古蹟水槽

的樣子，除了教堂主殿得以倖存，屋頂全部駁落，只剩下四壁和中間一根根石柱挺立，它是大地震在里斯本少有的遺址。

令人驚訝的是，這個無屋頂的修道院震出的形狀頗為「圓滿」，彷彿大自然的傑作。哥德式拱門高高地朝向天際，保留原有中殿的輪廓，一入大殿讓人可以體會當初修道院的雄偉壯闊，在藍天白雲的襯托中，充分展現了修道院的肅穆，顯現了建築物的英姿，是一種極致的美。這個景象令我體會到，其實不是沒有屋頂，而是「以蒼穹藍天為屋頂，讓繁星點點垂下成為心靈桂冠的綴飾」，這實在是巧奪天工的震落，如果不是大自然的力量，果真以人工刻意敲碎，也無法成就目前的雄壯。

這棟地震後遺留下來的修道院，一直並未修復原來的樣貌，遺址仍被保留在里斯本內，以讓世人認識這場歷史大災難，如今殘餘的中殿，是最能形容當初動盪的情景，未被損毀遺跡和斐迪南一世的墓碑，都成為考古學博物館的一部分。

我從這棟建築物中，想起了當年葡萄牙是十八世紀時全世界最強大的國家之一，葡萄牙的海外殖民叱吒風雲，極盡繁榮奢侈，榮耀與繁華卻在大地震中灰飛煙滅了。自此，雄心大大受挫，帝國走向衰敗，里斯本在歐洲的中心地位也被取而代之。

雖然此次地震將里斯本夷為廢墟，使葡萄牙的政治經濟遭受重創，但也催生了現代地震科學，並拉開了葡國政治體制改革的序幕。震後重建工作在當時的首相龐巴爾侯爵的領導下，積極展開，並組織人力制定了一項如今被公認是十八世紀最好的城市重建方案，率先在歐洲實施了嚴格的建築設計施工規範，要求所有建築必須在磚石牆壁裡嵌入木榫支架，以便地震襲來時阻止牆壁倒塌。此外，里斯本市區的新建建築的核心部位，都採取了錯綜複雜的木榫籠式框架結構，這樣能夠幫助建築物分散掉地震的能量；重建工程使里斯本從地震的廢墟中復甦，煥發活力，重建後的城市格局方正，街道從山坡向河畔延伸，層次豐富，建築依地形高低錯落有致，更具國際風格。

無屋頂的修道院讓我想起了二〇〇八年五月中國四川的大地震，世人慘痛地目睹了它悲壯的變遷，悲傷之痛刻骨，無以數計的人走上街頭捐款賑災聊表寸心；但這場不幸的

卡爾摩修道院在大地震後以蒼穹藍天為屋頂

地震瞬間啟發了全世界人類的善心，尤其是廣大中國社會的良知，所謂「天災無情，人間有愛」，讓世人從心底的真誠，意識到了生命的可貴，並更加珍惜短暫的人生，更能體會同體共生的意義，或許從四川的大地震中能重塑世人的信心，只要「信心不倒，生命充滿無限希望和未來」。

從大地震震盪後的無屋頂修道院遺址，我看到了大破壞後並非一切沒有了，而是大建設的起步，是無限、無盡的愛心湧現，願生命以蒼穹藍天為屋頂，讓繁星點點垂下成為心靈桂冠的綴飾，讓我們祝福四川！祝福世間！

皮耶阿爾裴斯（D. Nuno Álvares Pereira）：是葡萄牙傳奇性的偉大人物，曾擔任葡萄牙王國的王室總監，也是日後布拉干薩王朝的創立人。二十三歲時便當了將軍，人人對他尊敬有加。然而，他並不熱衷於現世的功名利祿，嚮往隱修生活。果然，在妻子去世後，於西元一四二三年進入他所建立的里斯本卡爾摩修道院。

大師的榮耀與遺憾

丹麥首都哥本哈根的美人魚雕像

剛剛下飛機抵達丹麥哥本哈根土地，不久就聽說雪梨歌劇院的丹麥建築師烏特松（Joern Utzon）過世，心中真是感觸萬分。

過去十年的時間在澳紐弘法，大多數的時間我都住在雪梨，每年都要在雪梨達令港舉行浴佛節活動，經常也有許多前來道場的各國訪客要參觀雪梨的著名景點，因此到雪梨歌劇院的次數相當頻繁。我自己因為到澳洲的時候，就參與南天寺的建築工程，之後的時間，籌備南天講堂的重建工程和紐西蘭南北島道場建築工程等等，這麼多年的工程參與，養成到各地都會注意各種建築物和庭園設計的習慣，到各國時都會帶著照相機，將特殊的建築物拍攝下來欣賞。我個人非常喜愛這個展翅高飛的巨大白天鵝——「雪梨歌劇院」，也極為欣賞原先設計建築物這棟的建築師烏特松，沒想到剛抵達就聽聞噩耗，內心真是不捨一位世間偉大的建築師去世了。

澳洲為了興建雪梨歌劇院而向全世界徵求設計圖，烏特松是在一九五七年從三十二個國家，兩百三十三件參選作品中脫穎而出，設計圖雀屏中選。

雖然烏特松的設計既奇特又令人興奮，但建造七年後即一九六六年，由於建築造型複雜與不斷攀升的成本，引發了激烈的公共辯論，加上展演空間必須克服種種問題，建築超支問題及設計上的爭拗，而工程造價也不斷追加，高達原先預估的工程造價達十五倍以上，耗費約一億兩百萬澳幣。由於冗長的工期、不斷追加的龐大工程經費，以及複雜的政治角力因素，烏特松憤而退出雪梨歌劇院的興建工程，從此再沒有踏足澳洲，連自己的經典之作都無法親眼目睹。澳洲其後委派本土建築師接手工程，整個工程前後歷時十四年之久，直至一九七三年歌劇院才正式開幕。

雪梨歌劇院建成後，外型猶如即將乘風出海的白色風帆，亦如一片片巨大貝殼，與周圍景色相映成趣。人們愈來愈喜歡這個造型，它不但成為雪梨地標，亦是第二次世界大戰以來，全球各國所興建的美麗大型建築物之一，二〇〇七年還被聯合國教科文組織列為世界遺產。它也是世界上最繁忙的藝術表演聚集地之一，每年有超過七百五十萬遊客前來參觀這棟著名的建築。二〇〇三年，雪梨歌劇院被評審一致評為二十世紀最具代

丹麥哥本哈根老城博物館的水池

老城博物館（Den Gamle By）是一座露天的國家博物館

澳洲雪梨歌劇院

表性的建築之一，烏特松也榮獲普立茲克建築獎（Pritzker Architecture Prize）。

歌劇院由建築師烏特松設計出來至今已有五十多年了，前幾年雪梨歌劇院計畫整修，澳洲政府特地邀請烏特松回澳洲指導，但是他因為過去興建過程的不愉快，發誓從此不回澳洲；又因他本人年事已高，體力無法負荷長途舟車勞頓和整修事宜，後來烏特松派了他的兒子楊恩．烏特松建築師到澳洲協助。

直至烏特松過世，終究沒有重回澳洲親臨現場，親眼見到已經落成的雪梨歌劇院，不知這位建築界的大師是否心中有遺憾？

值得欣慰的是，澳洲為了紀念這位一代建築師，雪梨歌劇院於其去世的隔天（週日晚）特地熄燈一小時，雪梨海港大橋也降半旗致哀，並且決定明年初將建烏特松紀念館緬懷這位了不起的建築師。

一個建築師能夠為人類留下一棟成為世界文化遺產的建築物分享人類，這是建築師一生的榮耀，但是未能親自見到作品完成終究是個遺憾。為了彌補這個遺憾，雪梨將建造烏特松紀念館，相信烏特松的精神和設計理念，會永遠隨著雪梨歌劇院而長存世間。

師法自然的建築師

高第故居博物館所在地的奎爾公園

搭飛機要過海關，總要取出電腦檢查，我的電腦旁總是放著一片綠色的蜥蜴滑鼠，每次海關人員看到我那片蜥蜴滑鼠，總是露出會心的微笑。有一位海關人員曾問我這是什麼？我說：「這是西班牙巴塞隆納最有名的建築師高第的作品，奎爾公園內的圖案。」一去過西班牙巴塞隆納的人，一定會對「奎爾公園」、「米拉公寓」及神聖家族教堂（聖家堂）等建築物留下深刻的印象，而創作這些著名建築物的，正是深受西班牙人民愛戴的建築師安東尼・高第（Antoni Gaudi）。高第的建築也是我喜愛的建築之一，因此走在巴塞隆納街頭，我都會駐足在他所設計的建築物前欣賞一番。

高第的每棟建築物都令我讚歎，但是神聖家族教堂這座已經花了一百八十三年在建築的教堂，卻是印象最深刻。除了現在仍然在建設中，支援的建築團隊遍及全世界，也就是全世界的有心建築師，都支援其建設提供各種意見，目的是完成這座建築物；另一項原因是被高第的宗教情操感動，高第終生未娶，除了工作，沒有任何別的愛好和需求，神聖家族教堂是他最偉大的作品，從接手工程到後來將一生中的四十三年都貢獻在那裡。一九二五年，他乾脆搬到教堂的工地去住，全心全意研究教堂的結構設計。衣衫破舊的高第還曾經被當成叫化子，但他一點也不以為意，將他人布施給他的錢全部捐出蓋教堂，後半生他幾乎過著等同修士般簡樸的生活，建築教堂等於是高第建築師這生所修的苦行一般，至死不渝。

一九二六年六月七日的下午，高第完成當天的工作從神聖家族教堂到市中心的教堂做禮拜，被一輛電車撞倒，當時他衣衫破舊，路人以為是流浪漢，把他送到聖十字醫院，醫院還當他是無名人士，他三天後去世了，有人認出他的身分，大家才發現流浪漢竟是高第，為他舉行了很隆重的葬禮，送葬的隊伍從聖十字醫院一直緩緩地延伸到神聖家族教堂，將他安葬在他未完成的神聖家族教堂地下。

對一位建築師而言，高第一生是極為幸運的，遇見了欣賞他的伯樂，提供機會讓他設計不同的建築物，能充分自由地表現自我，發揮才華。高第的許多作品除了表現極強烈的個人風格，也對往後的現代設計乃至於後現代設計提供了許多養分，至今只要是學建

奎爾公園 Park Güell 露台區

奎爾公園童話般的糖果屋造型建築

築的人，一定都要到巴塞隆納去看他設計的建築物，拍照和寫筆記完成課業。

有趣的是，我發現高第的設計風格其實來自「因禍得福」，其建築設計源自於小時候患有風溼病而不能和其他小朋友一起玩耍，只能敏銳地觀察大自然，使他日後成為師法自然的建築師。高第從觀察中發現自然界並不存在純粹的直線，他曾說過：「直線屬於人類，曲線屬於上帝。」所以終其一生，高第都極力地在自己的設計當中追求自然，在他的作品當中幾乎找不到直線，大多採用充滿生命力的曲線和有機型態的物件來構成一棟建築。

高第認為自然界中沒有直角的物體，直角是人為的，曲度是神聖的；同時，他也認為自然界中沒有任何東西是只有單一顏色的，這也是為什麼他的建築作品總是如此地饒富色彩變化。著名的奎爾公園在他的想像力奔馳之下，表現出相當怪誕、超現實，卻又童真、有趣的感覺，公園內的建築物，高第採用了許多動物、植物的造型，如入口處的蘑菇頭、椰葉造型的鐵門、列柱大廳屋頂動物造型等，讓來自全世界各地的人們彷彿回到童年的時光。

雖然高第作品有著光鮮外表，但絕對不是一味地只有虛榮的糖衣。他結合了宗教建築特色，摻入了色彩與光影的應用，加強了教會建築的功能，最重要的是他將聖經故事都刻劃在神聖家族教堂上。仔細端詳教堂的每一個細節，可以發現隱含了許多意義在裡面，那些裝飾都象徵性地或具體地述說著對耶穌的崇敬，流露出高第深厚的宗教情操。

如果有機會去西班牙巴塞隆納，千萬不要忘記帶照相機，回來分享給親朋好友，最重要的，「領悟」一點宗教情懷回來，讓自己的心靈回歸大自然，流露純真和赤子之心。

文化

西墉古堡一景

莫內花園的蓮花光影

德國 Dresden 女神雕像

布魯塞爾廣場上建築雕像

法國安溪 Annecy 伊斯樂宮

佩戴罌粟花紀念一戰結束

三千世界

歷史如史詩，盛載了人類的文明與墮落。
一段又一段的美麗與哀愁裡，
人類如何才能超越彼此之間的分別對待，
將本有巧慧妙思的心靈與靈性，流布人間？

百年咖啡家家香

奧地利 Hallstatt 浪漫的咖啡廳

去年邀請國際佛光會中華總會會長心定和尚前來歐洲弘法，在里斯本大學講演後回到道場用餐，葡萄牙里斯本協會的金毅會長向心定和尚介紹葡萄牙的咖啡最好喝，請定和尚一定要喝一杯咖啡。到德國柏林和法蘭克福，當地的會員信眾也向定和尚介紹當地的百年咖啡最好喝；到了瑞士，當地的瑞士人說瑞士的雀巢咖啡品質好，全世界有名瑞典的人也說瑞典咖啡香濃可口……，總之大家都認為自己國家的咖啡、巧克力是最香的。歐洲會員偶爾也會帶咖啡到道場供養法師們，每次聽到大家讚歎自己國家的咖啡最好喝、最純、最可口，我覺得歐洲人真是愛國得可愛。

奧地利 Hallstatt 浪漫的咖啡廳

琉森咖啡店裡的陶瓷鐘

琉森咖啡店裡的裝飾

談起咖啡，歐洲人習慣於早上起床喝杯咖啡，然後再開始工作，歐洲街頭處處可見咖啡館，走到各處都可聞到濃濃咖啡香，令人精神為之一振。我不是咖啡的愛好者，對喝咖啡沒有太大興趣，有人煮咖啡，我是聞比喝更香，所以別人喝咖啡，我聞咖啡，不用花錢也可以享受咖啡香，一人喝兩人飽。

據了解，世界上第一杯咖啡，是由阿拉伯人精心熬製，世界上第一家咖啡屋，在中東大馬士革誕生。一六一五年，咖啡由土耳其被威尼斯商人帶入歐洲，剎那間在法國、義大利為之瘋狂，果真咖啡征服了歐洲人，難怪維也納諺語說：「歐洲人擋得住土耳其人的弓刀，卻擋不住土耳其的咖啡。」

歐洲各地的咖啡，印象最深的是維也納，除了到處的露天咖啡館，濃香咖啡味配上躂躂的馬蹄聲頗為有趣。當地的喝咖啡方式與其他地方不同，服務人員送來咖啡一定會在旁邊放一杯白開水，這讓我發覺東西方文化有共通處，因為辦茶禪活動時候，品茶最後也一定會送上白開水讓品茶者回甘，真正的茶味就可以在此時回味出來。據聞維也納的咖啡相當有名，我卻欣賞他們的貼心服務，奉上一杯水讓人可以品嘗出咖啡香味，水將味道慢慢回甘淡化，直到雋永無味。

倫敦人一向注重下午茶，茶或咖啡都是英國人每日必須的飲品，「3.3」是我多次聽到自英國人口中說出的名詞，一到這個時間，似乎每個人都開心地應離開工作現場去喝杯咖啡，讓自己放鬆身心，我相信喝的是放鬆的心情，咖啡好壞倒是其次，甚至也無所謂好壞，因為咖啡本來就是家家香，只要你有一顆好心情去品嘗。

許多歐洲名人是一手端咖啡杯，一手工作。偉大的法國作家昂・巴爾扎克（Honoré Balzac），每天都飲用大量咖啡，他認為咖啡有助於靈感的發揮。他通常在晚上六點睡覺，睡到深夜十二點，然後起床，一連寫作十二個小時，在寫作過程中，一直不停地喝咖啡，他說：「一旦咖啡進入腸胃，全身就開始沸騰起來，思惟就擺好陣勢，彷彿一支偉大軍隊的連隊，在戰場上開始投入了戰鬥。」

有人說：「數百年來，咖啡用一種最沉默溫柔，卻最無從設防的方式，改變著歷史和創造歷史的人。」也有人說：「咖啡壺裡煮的是沉浮，咖啡杯裡盛的是夢想，咖啡桌上彌漫著人生的哲學，而咖啡館裡縹緲的芬芳，足以包容世間的滄桑，是一處心靈靠岸的港灣。」

百年咖啡無論在哪一國都香，我想它代表浮生半日閒，讓人有個悠閒的心情去放鬆、去回味工作和生活，讓生命沉澱下來，讓心思靜慮，讓未來充滿希望。

瑞士總統搭公車

德國德勒斯登（Dresden）

二〇〇八年三月底回台開會並參加總統大選，選後的當天就搭飛機回歐洲。抵達瑞士日內瓦後，看到台灣的新聞，正熱烈地討論新當選的準總統夫人周美青該不該繼續上班，以及勝選後的第一個上班日，周美青恢復以往生活，依然是一早六點多就出門，等著搭公共汽車上班；依然是不施脂粉，依然是穿著牛仔褲、黑上衣。由於她被媒體關注與跟隨，而造成其他公車乘客及路上行人的不便，受到干擾後的她向民眾表示歉意，也不得不忍痛做出「不搭公車」的決定。看了這個新聞，讓我感觸良多。

我調派到歐洲服務一年多，派駐在瑞士，但是許多時間都在歐洲各國往來弘法，從事講演和工程籌建，以及輔導各國協會工作。住在瑞士的時間雖然不長，但瑞士的許多民主風格卻令我耳目一新，例如瑞士的總統是世界上最平民化的國家之一，總統搭公車上下班是一件非常平常的事情，這任的總統（即聯邦委員會的主席）是女眾，住在日內瓦（屬法語區，瑞士講四種不同的語言，德、法、義大利和羅曼語），上街買菜也和大眾一樣，要在超級市場排隊結帳，沒有所謂特權之分，大眾看到總統也是如平常人一樣，絲毫無所謂的特別禮遇或另眼看待。我相信這是瑞士人民高度民主的風範。

我記得某一任的瑞士總統是住在蘇黎世附近的小鎮溫特圖爾（屬德語區），有一回深夜總統搭公車回家，佛光山道場的一位信眾（來自亞洲的移民）也和總統住在同個地區，那天剛好搭車遇到總統，信眾的家在終點站與前一站中間，總統的家在終點的前二站和前三站的中間，所有的乘客都下車後，只剩下總統和信眾兩位乘客，總統問司機：「我家位在前二站和前三站中間，是否方便讓我在我家門口前下車？」

瑞士冰河列車

德國德勒斯登的公車

司機先生很客氣地回答：「抱歉，不能！」總統先生就乖乖地到站下車再步行回家。

我們的信眾在總統下車後也去問司機：「我家在終點站與前一站中間，能否方便讓我在我家門口下車？」

司機先生爽快地回答：「沒問題！」

信眾既高興又疑惑地問司機說：「剛剛那位不是我們的總統嗎？」

司機回答：「是啊！」

信眾問：「那你為什麼拒絕了總統，卻願意讓我方便，在我家門口停車呢？」

司機回答：「因為他是我們的總統，我要維護他的形象，妳是老百姓，我可以讓妳方便。」

第一次聽到這件事，我真是感佩又感動瑞士的這位司機，他維護了總統的形象，是真正愛國和愛護總統的人民；而且他提供普通乘客方便，也說明了他為民服務，方便民眾的心。然而這位總統也讓人很讚賞，司機不給他方便，他也服從地遵守法規。

何謂民主的落實？我想如果有一天台灣的總統和家人都能自由自在地搭公車，那是台灣民主的真正進步；如果台灣人民的民主提升到了高素質，那麼絕對不會有所謂的「周美青該不該辭職」的問題，我期待這一天的到來。

佩戴一朵罌粟花

以罌粟花為主角作詩紀念為正義之戰獻身的戰士

午齋過後，和覺芸法師出去跑香（佛教的經行散步），讓腸胃消化。每次到倫敦弘法，飯後跑香時我都選擇走到公園，或是繞道場附近建築四周一圈，因為倫敦的道場不大，位在瑪格麗特大街上，靠近牛津街，是在十五年前向對面的基督教教堂買下當時的神學院，做為佛教道場，場地雖不大但五臟俱全，佛堂、禪堂、圖書館、辦公室等一應俱全，然而要吸收新鮮空氣還是要到外面的公園，或是找人少的小巷道跑香，比較方便自在些！

今日走在街道上，訝異地看見許多人包括男士們都在胸前佩戴了一朵花，覺芸法師說：「今天是十一月十一日，接近中午十一時，許多人都會在胸前佩上一朵紅色的罌粟花來紀念第一次世界大戰結束。」原來一九一八年十一月十一日德國投降，第一次世界大戰結束。英聯邦的前英國殖民地國家，為殖民宗主國奉獻，投入第一次世界大戰戰役，因此十一月十一日在英國、加拿大、澳洲等國家，第一次世界大戰紀念活動的參加者，都會佩戴一朵罌粟花。

以罌粟花紀念第一次世界大戰結束

為什麼佩戴罌粟花，而不是歐洲人掃墓萬聖節常用的菊花？因為（單瓣）罌粟花是西歐自古以來常見的野花，第一次世界大戰參戰的軍人，曾經就在罌粟花盛開的大地，傷亡或犧牲性命。尤其是比利時的佛蘭德斯處於法國北部和比利時西南部，歷來是兵家必爭之地，第一次世界大戰期間，好幾次的浴血奮戰都發生在那裡。為抵禦德軍進攻，無數聯軍戰士獻出了生命，從而埋在了佛蘭德斯的黃土之下。第二年的春天，一大片的紅罌粟花到處盛開，覆蓋了整個戰場和戰士的墓地。

最著名的一首歌是根據加拿大中尉 John McCrae 所作的「十三行詩」所寫，McCrae 曾在比利時西部的 Ieper 擔任軍醫，他的好友 Alexis Helmer 戰死在佛蘭德斯，將其葬下後，看到遍野綻放的罌粟花傷痛莫名，含淚寫下〈在法蘭德斯戰場〉（In Flanders Fields）。「罌粟花在法蘭德斯戰場隨風搖曳」（In Flanders Fields the poppies blow），以罌粟花為主角作詩，紀念為正義之戰獻身的戰士，沉痛帶出追思情感，也激勵更多的年輕人英勇作戰，保衛家園。同時他的這首詩，也蘊含著作者反對戰爭和嚮往和平的心聲。

受這首詩歌的影響，美國人 Moina Michael 開始佩戴罌粟花來紀念戰死的戰士，她還出售罌粟花，把得到的錢用於幫助那些傷殘的退伍老兵。一九二〇年，一位法國婦女出售手工製的罌粟花，集資用於幫助第一次世界大戰戰後的兒童、孤兒。不久，前英國司令官黑格上將（Field-Marshal Earl Haig）鼓勵用出售紙製罌粟花來資助退伍軍人。

佩戴罌粟花成了第一次世界大戰的紀念象徵，它是一種極有意義的紀念方式，除了

鬱金香處處飄香

悼念往生的軍人，也是對戰爭的省思，戰爭所造成的傷亡無以計數，相信任何人不願意再次重蹈覆轍，因此罌粟花成了和平反戰象徵。就這樣，在加拿大、美國、英國、法國，以罌粟花為標誌的「陣亡將士紀念日」，陸續建立並保持下來成為傳統，英國第一次「陣亡將士紀念日」是在一九二一年十一月十一日舉行的，每年一度，延續至今，已有八十多年。

過去我對於罌粟花的感覺一向

不好，因為它結下的籽是鴉片、嗎啡、海洛因和可卡因等眾多毒品的原料，而鴉片殘害了無數的中國人，所引起的鴉片戰爭奪去無數的生命和使多少家庭支離破碎，後來才了解原來這種鮮紅的罌粟花（poppy）和提煉毒品的罌粟花（Opium poppy）不同，Opium poppy 長得嬌豔美麗，但豔中帶毒，poppy 鮮紅卻不含毒品成分，兩種罌粟花，一種象徵「罪惡之花」，一種象徵「和平反戰」。

我想到戰爭因為罌粟花而起，渴望和平反對戰爭卻由佩戴上色如鮮血般單瓣的罌粟花來象徵，罌粟花呀！罌粟花呀！戰爭因汝而生，和平也因汝而起，汝本無善惡之分，奈何人卻因種種心念而起善惡。

跪拜下尊嚴起

德國德勒斯登建築物

最近中國國家主席胡錦濤在五月八日與日本首相福田康夫進行領袖會談，並拜會日皇明仁及皇后美智子。隨後轉往關西，參觀唐朝鑑真大師所建的唐招提寺。寺裡的職事山西明表示，中國最高國家領袖到日本，一定來禮拜鑑真和尚，因為有鑑真和尚，所以中日的友好關係，持續了一千二百年。

三十年前鄧小平首次到唐招提寺，向鑑真和尚頂禮了三拜，此後中國人來此一定都會禮拜，此劃時代的一個舉動，證明文化的力量遠比政治還強大。中國領導人的動作讓我想起了在歐洲的德國總理下跪，讓全體德國人的尊嚴站起來了。

早在一九四九年，當時擔任聯邦德國總統的特奧多爾・豪斯在談到納粹對猶太人的罪行時就公開表態：這段歷史，現在和將來都是我們全體德國人的恥辱。

二十一年後，一九七〇年十二月七日，有一個人把這恥辱獨自扛了起來，當時的德國聯邦總理維利・勃蘭特雙膝跪在華沙的猶太人遇難者紀念碑前，為德國曾經犯下的罪行謝罪，當時的媒體評論道：「勃蘭特跪下了，全體德國人徹底站了起來。」

一九九五年六月，當時的德國總理科爾在以色列的猶太人受難者紀念碑前再次下跪道歉，同時成立贖罪委員會，以向在二戰中受德國侵略的國家贖罪。

德國人沒有忘記歷史，他們在柏林市中心的波茨坦廣場修建了大型的猶太人紀念碑和紀念館，主動承擔了賠償受難者的責任。把法西斯犯下的罪行，博物館一般地保存了下來，以此提醒自己曾經犯下的醜陋惡行，並警告自己不要重蹈覆轍。他們把哲學家卡爾·亞斯貝爾斯的話寫在歷史書中：「忘記它是有罪的，應該永遠去回憶它。」

德國人勇於道歉懺悔的精神實在令人敬佩，讓人不禁讚歎德國人的精神。相較於日本人發動南京大屠殺，慘絕人寰殺死了幾十萬人，多年來日本至今仍不肯道歉，一直要掩蓋事實、竄改歷史，甚至不承認這個事件，以及某些南京大屠殺的主謀及「操刀」者，依然被供在日本的靖國神社裡，東西方兩大強國面對做錯事的態度南轅北轍。

禮拜是神聖的，不是卑賤的，禮拜的行為是以身體之動作來表示尊敬或懺悔之意。當一個人慢慢地在聖賢面前禮拜下去，人格是昇華的，精神是經過洗禮淨化的，那是思

德勒斯登 德國最美的城市

德勒斯登位於易北河畔

德國德勒斯登聖母教堂

想提升到光明清淨的境界。我相信一個民族如果能夠深深地自我反省，這個民族是偉大的，因此對德國的懺悔精神感到佩服。

佛教徒禮拜表示「心中有佛」，與佛接心，禮拜雖是拜在地下，但人格尊嚴從這禮拜中更昇華。德國總理下跪表示「心中有你」，是與猶太人的心靈交流往來，這一動作讓德國的人民心中都有彼此對方，無論是猶太人和日爾曼人，都要互相尊重，人類才有和平的一天。中國的領導人禮拜鑑真和尚，表示「心中有聖賢」，那是對於鑑真和尚辛苦從事中日文化交流，綿延一千二百年的文化力量禮拜，人類的文明在文化中延續的力量的確影響最久遠。

真理和聖賢面前，何妨禮拜！

萬物如如在眼前

葡萄牙里斯本建築一隅

今年二〇〇九年三月底，和歐洲佛光人等，前往中國無錫和台灣台北共同舉行的第二屆世界佛教論壇會議。由於這次除了參加會議發表論文之外，我還負責了回程由南京直飛台北四架包機的高難度任務。因為至當天凌晨一時半，我們一群十餘位還在趕工，要將所有的識別證等全部分配完成，以便早上搭機時於機上報到分發名牌，憑此做為特殊通關識別。我是被分配坐在第三架飛機上服務，這架飛機最大台，來自世界五十餘國的法師和居士們，將近有四百人。這是生平以來第一次在飛機上廣播，說明報告注意事項，隨後由法師們以英文、日文、韓文等播報事項，當天本來預備翻譯成八種語言，由於時間不夠，最後只以四種語言解說行程和注意事項。

又這次光是支援兩岸世界佛教論壇，佛光山派出各種語文人才就有數十位，以英、日、韓、德、西、葡、泰、粵等十餘種語言協助翻譯。在飛機上和大會現場聆聽各國語言的翻譯說明，我感受到家師星雲大師的偉大，數十年來培養的這批國際弘法人才，似乎就是為這屆世界佛教論壇而準備的。

瑞士 morge 海邊的帆船

大會閉幕典禮時，在台北巨蛋體育館內共有萬餘人集會，參加這劃時代的盛會。在一片梵音聲中，全世界佛教的代表們共同為世界祈福，剎那間我彷彿見到當年佛陀在靈山會上的弘法宗教大會，充滿祥和歡喜，這一刻兩岸的佛教共同帶來和平的曙光，韓國佛教界的法師們羨慕地說：「希望有一天世界佛教論壇也能夠在南韓開幕、北韓閉幕。」

我記得一九九三年十月，在佛光山總本山舉行首次「國際佛教僧伽講習會」，大師曾經說：「雖是首創，只是開始的一小步，但其影響力對佛教而言將是一大步，希望以後能如期地一期一期辦下去！佛光山是佛教的，是世界每一個佛教徒的，希望大家都能將佛光山看成是自己的家、自己的事業，而有賓至如歸的親切！」從一九九三年到二〇〇九年總共十六年的時間，當年的一小步，果真影響未來的一大步。

一九九六年在馬來西亞的莎亞南體育館，大師主持過八萬人的集會，大師在當年的祈願文一開頭即說：「我們各宗教至高無上的教主啊！讓我們以最尊敬的心讚美您，讓我們以最虔誠的心祈求您，請您以慈愛的心懷傾聽我們的訴願，請您以悲憫的大力成就我們的心願……。」

這段祈願文啟發了我在二〇〇一年首次在紐西蘭基督教大教堂前面，邀請四大宗教為世界祈求和平的祝禱，成為當年紐西蘭跨宗教交流的美談。當年美國九一一事件剛剛發生，許多憤怒的民眾對回教徒宣洩不滿的情緒和態度，回教徒幾乎都不敢出來，當時特地邀請並鼓勵回教團體出來為世界祈福，其代表在會上感動地流下眼淚，因為讓他們勇敢走出來和面對大眾。這次的跨宗教交流，也讓紐西蘭的民眾，都能了解各宗教的教義，並互相認識。之所以會在海外開放地和各宗教經常交流往來，這是大師的寬大胸懷和開放的心靈影響著弟子們。我記得曾經在〈宗教人的共識〉文章中，大師提到不管是信仰那一種宗教，都必須具備共識，才能算是一個宗教徒，才能稱為宗教人。什麼是「宗教人」的共識呢？共有四點：

第一、以慈悲濟世為宗旨：既以「宗教人」自居，就必須做到有慈悲心，要能救濟世間，慈悲濟世，慈悲可說是「宗教人」的宗旨。你看基督宗教的「博愛」，代眾生受苦；觀世音菩薩「千處祈求千處應，苦海常作渡人舟」，這都是慈悲濟世的精神。如果沒有慈悲濟世的胸懷，那就失去「宗教人」的立場了。

第二、以共享和平為目標：宗教能給予人間和平安定的力量。各宗教雖然信仰的教主、教義各有不同，但從事的工作，都是要讓世界和平、眾生得度，所有的人都能和平共處。一切的生命都是互相依附、同體共生，不是我打倒你、你打倒我，只有我自己成功就能生存。宗教人所要推動的，就是要讓大家平等，建立人人有共生、共存的共識。

第三、以參與善事為方便：宗教人不要光是守著「我的宗教」，這是自我的設限，自我的執著。只要是對世界和平、造福人群、提升人類心靈有益的善事，宗教人都可以與人為善，熱心參與。好比，現在世界上許多國家都有「宗教同盟」、「宗教促進委員會」，聯合所有宗教，相互尊重，異中求同，發揮更大的力量，淨化人心，穩定社會。

第四、以發揚人性為努力：「宗教人」不但要發揚人性，還要發揚我們的天性、我們的道性、我們的佛性，也就是把我們所謂的「佛心人性」發揮出來。不但愛己、愛人、愛社會、愛國家，甚至愛十方世界一切眾生，那怕一個含靈動物，乃至為了保護一隻鳥、一隻兔子，都可以花多少代價付出。因為生命可貴，在我們的人性裡，都應該受到的尊重。無論任何宗教徒，發揚光明的行為，創造祥和的世界，這都是我們所共同努力的目標。因此大師提倡宗教之間，「同中必須存異，異中可以求同」，佛法說：「方便有多門，歸元無二路。」希望世界上的各個宗教、各個教派，都應該作如是觀。

大師曾經在《星雲日記》中讚揚台灣地區的羅光總主教，他對天主教貢獻卓著，卻到處宣揚佛法。羅光總主教曾在省府演講中說到「當今社會需要佛教——尤其是人間佛教，才能改善社會風氣。」大師說他並非違背天主，而是感受到佛法對社會的重要。

清朝的愛月居士云：「萬物如如在目前，小而無內廣無邊；圓通一性何來往，水底青山火裡蓮。」

宋代的偃溪廣聞禪師云：「好風晴日滿谿山，又到桃源盡處還；流水落花攔不住，幾多春色在人間。」這說明佛法真理無所不在、無處不顯。所謂「大而無外，小而無內」，所謂「溪聲盡是廣長舌，山色無非清淨身」、「青青翠竹，盡是法身；鬱鬱黃花，無非般若」。

真理像春日裡滿谿山的好風晴日，它的神機妙用，能化草木為碧，觸枯木成春，感動人心於無形，為人間留下無盡春色。但也必須當事者有一份能悟善感的巧慧心靈，才能見到「滿谿山」的「桃源春色」，才能感悟「水底青山火裡蓮」的神妙境界。

大師認為，羅光總主教就是深切地體會了這一點，所以他能超越宗教間的分別對待，處處演說，要把巧慧妙思的心靈，流布人間。這種不囿於自己的思想信念，而能包容、欣賞其他宗教優點的胸襟，大師讚歎羅光主教實在是了不起的宗教家。其實多年來我從大師和羅光主教，乃至和單國璽樞機主教之間的交流往來裡，我看到了這三位彼此互相包容，惺惺相惜，相互欣賞其他宗教的優點，這種宗教家偉大的胸懷，正是值得我們學習的。

歐洲的窗邊文化

奧地利湖邊窗景

二〇〇七年國際佛光青年會議在日內瓦聯合國總部舉行，開完會後，安排青年們到瑞士各地旅遊。我陪同青年總團部的總團長慧傳法師和部分青年們，前往策馬特（Zematt）參訪旅遊。搭乘小火車一路直上策馬特山上，沿途的風光明媚，慧傳法師讚歎地說：「瑞士這個國家真了不起，家家戶戶都種植花草，可見得人民多麼團結合作，多麼愛護環境，建設出這麼美麗的家園。」

走在瑞士許多著名的城市和小鄉鎮，映入眼簾的就是窗邊種植的美麗花圃，每戶人家都有用於布置鮮花的陽台凸窗，每座房屋都有所不同，放眼望去，整座街頭，芬芳美麗。種植花草以美化環境是歐洲的窗邊文化吧！從西歐到北歐，從北歐到中歐，歐洲的街景就是花圃，甚至在街頭大家都喜歡坐在窗邊晒太陽和欣賞風景，分不清是看遊人還是被遊人看，總之相看兩不厭，西方看東方，東方看西方，欣賞彼此的差異。

「窗」，自中古世紀，瑞士婦女們就喜歡靠窗而坐，拉下窗簾，窺望街上路人和左鄰右舍的一舉一動。於是，這些凸窗便成為當時婦女們了解外面世界的一個小小的窗口。

商人們也喜歡在凸窗內邊工作邊留意街上動靜，一旦發現有合作夥伴或客人靠近，便可以第一時間飛奔到樓下迎賓，殷勤招待。

我一直很喜歡歐洲人的窗邊文化，婦女們簡單地摘一些院子裡的葉子和花草，大把地盛裝於花瓶中，放在桌子上或窗邊就成為最美的擺設，溫暖了全家人的心靈。甚至窗邊擺設的花圃，當清晨陽光從窗台射入灑滿了整個豐盛的早餐，蕾絲窗簾搭配著當季小花，一家人靜坐窗邊用餐，邊欣賞戶外草皮花園，一杯柳橙汁和咖啡搭配著起士加吐司，這窗邊的景致，增添了食物的風味和大家的胃口。

「窗」，火車車窗寬大是歐洲特有的風格，窗外的風光可盡收眼底。

「窗」，當然美，但是窗也透露了許多的訊息。瑞士佛光山的法師剛到瑞士弘法時，對於當地的風俗民情尚不懂，經常會透過窗戶來接受教育。例如有一次剛剛回到道場，馬上就有警察來詢問：「你們剛剛走路走錯邊了。」

法師：「是嗎？走路有分不同的方向嗎？你怎麼知道？」

維也納的窗景

歐洲的窗邊文化 窗邊花台

警察：「剛剛有一位老太太看到打電話告訴我們的。」

法師：「哦！走錯方向關你什麼事情。」

警察：「當然有關我們的事情，你走路走錯邊，被車撞到，我們就有責任告訴你正確的走法啊！」

又有一次某位法師只是開車輕輕「觸碰」到旁邊的車子，馬上就有警察來詢問：「你剛剛開車是不是碰到別人的車子了？」

法師：「哦！只是輕輕觸碰到而已。」

警察：「你要知道瑞士的規矩，無論車主是否在車上，只要碰到別人的車子，你就一定要將保險和你的資料夾在對方的雨刷上，表示負責任。」

法師：「哦！知道了，不過你是怎麼知道我們住這裡的？」

警察：「你們的服裝和天下第一髮型（剃頭模樣），誰不認識呢？」

嗨！這就是瑞士，透過「窗」，人人都是警察，人人都會將訊息通知警察；透過「窗」

的透視文化，瑞士的治安良好，犯罪率極低，這也是「窗」的最大優點吧！

在我看來「窗」是文化之窗，傳達了不同的文化習俗；「窗」是心靈的橋梁，溝通了人心。到歐洲旅行別輕易放過，欣賞各國不同的「窗」！

貨幣上的女性肖像

二十元的瑞典克朗
貨幣上的肖像為諾貝爾文學獎的得獎女性塞爾瑪・拉格洛夫

在瑞典斯德哥爾摩意外地發現二十元瑞典克朗貨幣上的肖像竟是一位女性，令我驚喜不已，查詢之下，原來她是第一位獲得諾貝爾文學獎的女性——塞爾瑪・拉格洛夫（Selma Lagerlöf）。她於一九〇九年獲得諾貝爾文學獎，是瑞典第一位得到此榮譽的作家，也是世界上第一位獲得文學獎的女性。

這意外的發現，讓我更加肯定了瑞典對男女兩性的平等性。目前世界上男女兩性最平等的國家之一是瑞典，在瑞典性別平等有強烈的政治色彩，瑞典人認為性別平等是「政治上絕對正確」的，「所有的人生而平等，都有同等的權利和價值，有相同的機會。」

瑞典婦女追求平等的腳步一直走在世界前列，女性早在一九一一年就獲得投票權參加國會選舉，並入選國會。政治權利的獲得讓女性有了投票權、參政權。瑞典人非常驕傲於他們在性別平等問題上對世界政治的貢獻。例如：一九一一年，男性和女性有了選舉權；一九九四年，具有高度性別平等敏感的瑞典首相帕爾梅並提出了一項新的戰略——社會性別主流化，一九九七年，被定為聯合國的國際戰略。瑞典人認為，性別平等就是政治，它是民主政治的產物，反過來又推進了社會平等、權利平等和機會平等。

如此平等的國家，難怪能夠於一九〇九年造就第一位諾貝爾文學獎的女性得主。但這位了不起的女性，並非一生都順遂，她生出後不久就罹患一種無法解釋的癱瘓症，喪失了走路的能力。有次全家搭船旅行，當時還是小女孩的她被船長太太講說「船長有一隻美麗的天堂鳥」的描述迷住了，她想親自去看，保母因為她行動不便，就把她留在甲板上，自己去找船長。但小女孩忍不住請服務生帶她去看，服務生不知道她不能走路，只顧帶著她去看那隻美麗的鳥。

奇蹟發生，塞爾瑪・拉格洛夫過度地渴望看鳥，竟忘我地拉著服務生的手慢慢走了起來，從此她的病便痊癒了。後來塞爾瑪・拉格洛夫長大後又忘我地投入到文學創作中，最後成為第一位獲得諾貝爾文學獎的女性，就是這樣熱愛人生的「忘我」態度，能夠讓一個生病的小女孩成為高貴心靈的諾貝爾獎得主。

她的第一部文學作品是《戈斯泰・貝林的故事》，這本書使塞爾瑪・拉格洛夫一躍

瑞典國旗飄揚在市政廳

成為瑞典的著名小說家。之後她又創作了短篇小說集《有形的鎖環》、《假基督的故事》、《古代斯堪的納維亞神話集》，還有以巴勒斯坦的瑞典移民生活為題材的史詩小說《耶路撒冷》，後一部作品被認為是她藝術才華發展到完美的表現。

塞爾瑪・拉格洛夫之所以能得獎，原因是鑑於她在創作上的傑出貢獻，由於「她作品中特有的高貴的理想主義、豐富的想像力、平易而優美的風格」而獲得諾貝爾文學獎，一九一四年，她被選為瑞典皇家科學院的第一位女院士。

塞爾瑪・拉格洛夫不但文學造詣高，心靈的高貴更令人讚美。一九三九年二次大戰發生後三個月，蘇聯軍隊入侵芬蘭，塞爾瑪・拉格洛夫憂心芬蘭的人民，把自己的諾貝爾獎章送給芬蘭政府，為芬蘭籌錢進行蘇芬戰爭，芬蘭政府非常感動，於是將獎章歸還了她。

一九四〇年塞爾瑪・拉格洛夫在莊園去世，去世前還念念不忘關懷世界。在去世前不久，還以她個人的影響力，通過瑞典皇室，向德國納粹政權交涉，從集中營裡救出了猶

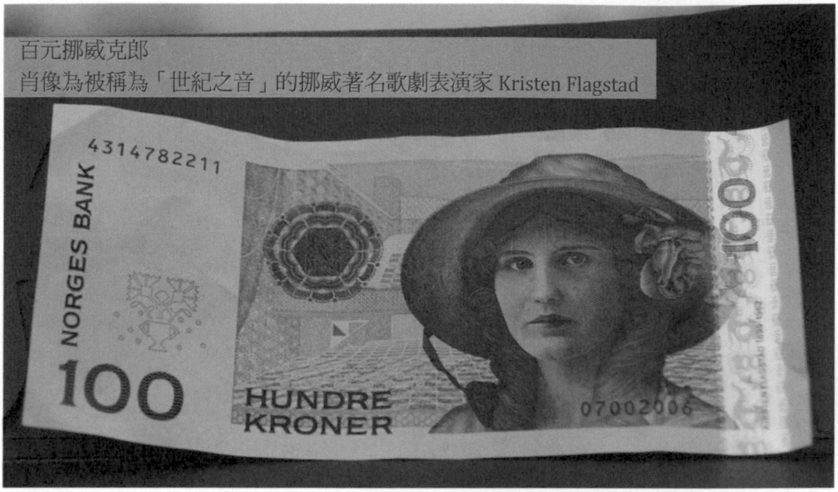

百元挪威克朗
肖像為被稱為「世紀之音」的挪威著名歌劇表演家 Kristen Flagstad

太女作家奈莉・薩克斯女士及她的母親。後來奈莉女士也於一九六六年獲得諾貝爾文學獎，這真是一段美麗的軼事。

從一九九一年開始，塞爾瑪・拉格洛夫的肖像已出現在瑞典貨幣二十克朗鈔票上，讓人永遠緬懷。

坐擁書海黑鑽石

丹麥皇家圖書館被稱為黑鑽石圖書館

北歐的天空在下午三時多，就已經黑得看不清楚對面建築物了。十一月到丹麥弘法，佛光會余莉和燕梅極為有心地帶領我看看哥本哈根的市政建築，但天空實在太暗了，連四周的景色也無法辨識清楚，唯一最明亮的是街頭的皇家圖書館，在馬路的天橋上閃耀著像鑽石切面般的星光。余莉建議我一定要看看這座著名的「黑鑽石圖書館」，於是在嚴寒冷冽的冬天裡，我們走向這座皇家圖書館新增的建築。

乍聽到黑鑽石圖書館，始終有一個疑問，為什麼稱為「黑鑽石圖書館」？請問余莉，她說這棟是皇家圖書館新增的建築，位在丹麥哥本哈根市的河邊，黑鑽石的外觀由鏡面黑大理石與黑色玻璃帷幕牆構成，從上向下傾斜約八十六度的立面，以及一層向內退縮，襯托著南邊的港灣與西邊入口的水池，整幢建築物好像浮在水面的黑鑽石，反照著日光，閃閃發亮，遠看就像浮在水面上的黑鑽石，因此暱稱「黑鑽石」（The Black Diamond）。

我從外圍看到在黑暗中如鑽石閃亮的玻璃天橋，果真像黑鑽石，而親身進入圖書館內部更令人驚豔，敞亮明淨的挑高大廳洋溢著輕鬆愉快的氣氛，讓你情不自禁地想要立即進入館內和書本親近。兩部橫越中庭天井的電梯，不斷地將人潮送往迎來，大片玻璃窗外的水道，船過無痕；而圖書館的使用者，在知識的殿堂裡細細閱讀，尋找心靈的安身立命之處……。這裡真是坐擁書海挖掘無盡寶藏的好地方。

緩緩地搭乘電扶梯直上，中間連結的透明玻璃橋，屋頂上是圓頂的燈飾，就是這盞圓頂的燈閃耀著，讓來往的行人被吸引而上來圖書館。通過這一條橋，我們從最現代的科

皇家圖書館的人性化設計

圖書館間的橋梁

技新大樓也就是被稱為「黑鑽石」的圖書館，走進古老典雅的舊圖書館，令我頗為意外地是，設計師能夠將傳統與現代融合一體，新舊皇家圖書館之間用透明的玻璃天橋連結古今，將古典與科技結合，任何人進到裡面，都會感覺到它的輕盈與容易親近；雖然是一座深富傳統的知識文化典藏機構，然而新增建的設計卻沒有沉重的歷史、富麗的古典風格。如此的設計讓現代人可以穿越時空和古人對話，汲取如鑽石般的智慧，難怪這是哥本哈根市繁忙的生活中，一個受人歡迎的焦點。

據了解，丹麥皇家圖書館擁有三百多年的悠久歷史，它的興衰和丹麥王室以及國家的歷史息息相關。因為施行絕對君主制的弗雷德里克三世（一六四八年至一六七〇年在位）是一位好學的君主，對於中世紀的抄本尤其感興趣，甚至派人到愛爾蘭蒐集抄本，因此，圖書館應運而生。三百年後因為圖書館不敷使用，因此競圖評審選出最適合的建築設計，由丹麥建築大師拉森（Henning Larsen）與 Schmidt Hammer 設計的黑鑽石圖書館入選，當初競圖評審團對設計內容所下的評語是：「以簡單的方式解決了極為複雜的難題，所呈現出來的建築形式，不僅智慧地連繫了舊館，也彰顯了新館的獨特性。」

從典雅的舊館走回新館，我情不自禁地在玻璃橋上坐下來沉思，望著橋下來回的車輛，眼見點點的雪花飄落下來，分不清是回到過去還是現在，彷彿穿越時空回到三百年前的時光隧道，見到當年的那位好學的君主弗雷德里克三世的智慧光芒閃閃發亮，我衷心地感謝他的好學與喜愛閱讀，方才有了這座皇家圖書館。

「終身學習」在丹麥不是口號，根據聯合國教科文組織統計，丹麥平均每人借書率為世界第二高，而丹麥每百人寬頻使用率是 OECD（經濟合作暨發展組織，簡稱經合組織）國家中第一。隨時讀書、學習對丹麥人而言，就像血液裡的 DNA。丹麥人說：「我們沒有資源，我們沒有人力，但我們有——取之不盡、用之不竭的智慧。」

「終身學習，是丹麥人快樂的秘密之一」，難怪丹麥去年在全球一百七十八個國家中，列名快樂國家的榜首。丹麥人從圖書館中深入閱讀，萃取智慧出來，因此取用無限，所以「黑鑽石」果真是名符其實，它有蘊含著豐富知識寶藏的隱喻，「黑鑽石圖書館」是丹麥人的智慧寶礦。

市政廳的驢事

瑞典斯德哥爾摩市政廳一景

到瑞典的斯德哥爾摩，當地的市政廳是每個遊客都會去參觀的景點之一，因為這裡是諾貝爾基金會每年為獲獎者舉辦盛大慶祝宴會的所在地。據載，自一九〇一年舉辦至今，共有五十三個國家派代表參加過諾貝爾獎的頒獎宴會。二〇〇四年我和滿舟法師、覺容法師巡視歐洲各道場，國際佛光會裴海蒂督導、呂慧芬會長陪同我們去欣賞了這座優雅的廳堂。

市政廳高聳於梅蘭湖畔，地理位置絕佳，從市中心任何角度，均能看見這幢褐紅色高一百零五公尺的方形塔樓。披著裝飾手法的砌磚外衣，具有威嚴之勢的塔樓頂端矗立著綠銅貼片的鐘樓尖塔，塔頂上有三個造型優雅的鍍金黃冠「三皇冠」，象徵瑞典傳統的光榮歷史，三皇冠推向湛藍遼闊的斯德哥爾摩天際線上，堆砌出八百萬塊紅磚的優雅姿態。這棟建築物是由瑞典民族浪漫運動啟蒙大師奧斯特伯格（Ragnar Ostberg）建築師所設計的，於一九一一年動工，歷經十二年始完成。這位瑞典近代重要的建築師，擷取瑞典知名的萊克古堡和威尼斯總督府之設計風格，歸結出市政廳的表現意念，就此不難看出瑞典人樂於接納外國文化的胸襟。

市政廳內最著名的藍廳，每年十二月十日諾貝爾頒獎後，慶祝晚宴即在此舉行。列柱環繞的大廳搭配闊氣的階梯，全部以紅磚質材建造，散發著迷人的磚瓦之美。明明是褐紅色的磚彩貫穿廳堂，卻為何名為「藍廳」？建築師原構想是要以藍色為主調，沒想到紅磚呈現出的色澤質感震懾了建築師，讓他放棄原來之意念，決定保留整座大廳的紅磚之美。然而，所有圖紙和資料上仍保留「藍廳」這個名字，儘管牆體真正的顏色是紅色。

藍廳中寬闊的樓梯是諾貝爾頒獎典禮中的重頭戲，因為要讓與會的女士貴賓盛裝下依

瑞典市政廳女河神

瑞典市政廳市議會議事廳

瑞典市政廳庭院

然能夠姿態優雅，樓梯比例經過建築師三次帶太太穿著晚禮服，穿上高跟鞋來回走過，才確定樓梯高度，可見建築師用心之深。

沿著各廳逐步欣賞，靠湖邊這一面是讓人心曠神怡的「王子畫廊」，沿著窗邊展開來之迴廊，窗外是斯德哥爾摩的水邊風景，迴廊裡矗立著兩道直列的圓柱群；與窗外呼應的牆上則是瑞典近代重要畫家，也是皇族成員的歐根親王巨幅畫作——斯德哥爾摩的湖岸風景，與窗外風景對稱應和著。

市政廳最引人注目流連的是，運用約一百九十萬片鍍金馬賽克架構起來的氣派大廳——「金廳」，金碧輝煌忽明忽暗地閃爍耀眼的神秘氣氛，北面的牆面上是鑲嵌畫，描繪梅倫湖女王的肖像，氣勢懾人。最有趣的是金廳入口上方有一尊國王的頭像，但是頭部卻不見了，緣於當時因為市政府要趕工完成，原來預計要三年才能完成的工程，限制一年半要完成，馬賽克藝術家在被催促之下，急就章趕工的結果，沒有計算好高度比例，就造成國王斷頭。完成後雙方吵架，市政府方面堅持施工有問題，馬賽克藝術家辯稱這符合瑞典的歷史，因瑞典歷史上曾經有一位國王被鄰國的軍隊砍斷頭。

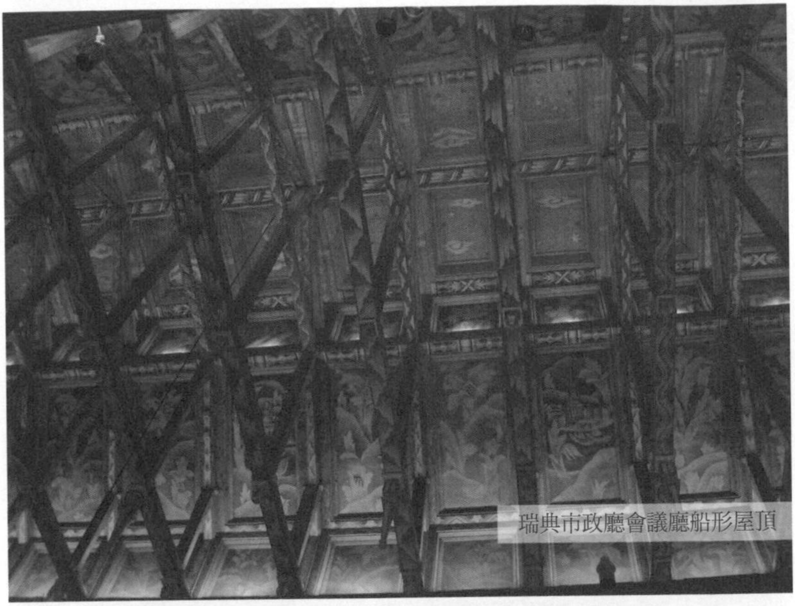

瑞典市政廳會議廳船形屋頂

聽了這段歷史公案令我不禁哈哈大笑，原來急就章趕工程的事情古今中外皆同，陪同我去參觀的裴海蒂督導說：「嗨！我們瑞典人就是這麼驢！」我想許多事情是急不來的，如果沒有事先做好計畫，就會像這座金廳一般，永遠留下「驢事」的歷史，無法重來。

雖然有這樣的「驢事」，但瑕不掩瑜，幸好這棟市政廳每年舉辦的諾貝爾獎風采彌補了建築物的缺失，這棟建築物也帶給我一個省思，「事先決策計畫勝於匆忙的行動」。

思考在先，行動在後，是做事成就的要領。

街道的博物館

下去探訪葡萄牙古羅馬遺跡

一大早莊寅彩督導就來電報告好消息，里斯本有座城市博物館今天起開放三天，免費讓大眾參觀兩千多年前的古羅馬遺跡，這是全年度唯一開放的日子，建議我們把握機會前往參觀。

這麼一個千載難逢的因緣，當然要把握抽空去看看，於是用過午飯後散步到街頭準備前往參觀。走到里斯本的中心 Baixa 區，按照地址去尋找，找了很久都沒有看到所謂的羅馬遺跡，仔細看街頭警察正在指揮交通，順著路拐彎進入另外一個街道。嚇！只見到排隊的人龍蜿蜒，覺心法師說：「哈！找到了，這麼多人一定都是要參觀羅馬遺跡的。」看來這就是了，我們站在旁邊觀看工作人員在電車軌道旁邊指揮參觀者進入，於是我們也加入排隊行列。

這實在是有趣的畫面，為了讓大眾參觀動員這麼多工作人員，四邊街頭封鎖，不但要有交通警察指揮。除了電車和該區的居民車輛，一律不准通過，還要有糾察、安全人員、導遊等等，難怪一年才開放三天，原來開放一次工程浩大。

我和覺心法師、雅涵三個人分工合作輪流排隊，原先估計至少要排隊兩個小時才能輪到，尤其當我們剛排隊時，博物館的工作人員在我們隊伍的正後方放了一個告示牌——「今日參觀時間只到五點四十五分」，言下之意要後來者不要排隊了，好說歹說勸了將近快一個小時，想要參觀者還是堅持到底，不為所動，總之打定主意今日一定要參觀古蹟。

終於在四點五十分左右我們從龍尾排到變成龍頭，好開心終於可以參觀了，尤其看到後面的人還有希望進入，也替他們歡喜不已。當我從廣場走回要加入排隊行列時，因為有一條線圍住，正想要轉身從後方繞回前面的時候，可愛的葡萄牙同胞馬上將線拉開歡迎我加入，這體貼人意的舉動令人十分感動，葡萄牙人就是這麼和善。

我們終於要由電車鐵軌旁邊的入口，進入這地下的古羅馬遺跡，雅涵趕緊幫忙拍照留下這千載的一刻。狹窄的樓梯只能容納一人進入，進入後只見兩千多年前的古蹟內仍有水在滴著，兩邊的牆面還有水位的痕跡，可看出蓄水的深度約牆壁一半高，工作人員不停地掃水，等到我們這一行二十人進入後，博物館的導遊人員開始敘說歷史，口沫橫飛講得很精采，可惜我們聽不懂葡文，只能等回到道場，再請人翻譯簡介讓我們了解。

全世界獨一無二的葡式碎石路

循著導遊人員指示，我們一路參觀這個地下古蹟博物館，裡面最特殊的是有一個水源之眼，不斷地由地底冒出泉水，水清涼無比。某些地方，仍可看到古羅馬時代的石頭靠墊，在古蹟的末端，還有抽水機將水抽出，怪不得只能開放三天，沒有這些抽水作業，人根本無法進入，我更加了解為何只開放三天。

晚上莊穎來幫忙解說這個古蹟，原來這個古羅馬遺跡是在西元一至二世紀期間建設的。一七五五年里斯本發生大地震，一七七一年開始重建市區，發現這個在市中心核心地帶 Baixa 區的遺跡。一七七三年由 Joaquim Ferreira 將其古蹟內容彩繪起來，但當時的人對於拉丁文不熟，只能淺顯地了解碑文的簡單意義，就將古碑文保存起來。一八五九年獲允修復遺跡，在這裡發現了古羅馬的建築物，於是就在這個地區上方建一個古羅馬建築物遺跡博物館，將文物取出來存放，由 Jose Valenitm de-Freieas 負責修復。一九〇九年發現了這個古羅馬地下蓄水池，也就是我們今日進入參觀的地點，一九八〇年公開對外開放至今。

幫忙翻譯的莊穎全家也把握最後一天，排隊五個半小時去參觀，但因為要趕回道場聽經聞法，進去五分鐘後就趕快出來，這樣的聽法精神真令人感動與敬佩！

金毅會長經常問我「對葡萄牙的印象」，現在我可以明確地回答他，葡萄牙這個國家雖然小，在歐洲裡屬於較貧窮的國家，但是對於文化古蹟的保存卻不遺餘力，對文化的推廣更是熱心，了不起的葡萄牙！

街道旁的博物館

葡萄牙里斯本古羅馬遺跡
西元一至二世紀期間建設

建築藝術博物館

布拉格會跳舞的房子

在歐洲弘法，每當看到景物或建築，就很自然拿起手機拍照，當做日記和存檔。捷克布拉格協會的理事李宏問我為什麼特別喜歡拍攝建築物，我回答：「因為建築物是人類創造的偉大貢獻，從不同時期的建築物可以了解人類思想的轉變和人類對真善美的追求，尤其歐洲人過去對宗教的信仰力量，把生命的價值都放入其中，這是最令人讚歎的！」

布拉格是捷克共和國的首都和全國最大的城市，地理上位於柏林和維也納這兩個德語國家的首都之間。布拉格人口將近一百二十萬人，約占全國的百分之十一，它也是歐洲著名的歷史城市之一。

歷史悠久的布拉格在西元九世紀就在此建立了城堡，查理四世統治期間，布拉格成為神聖羅馬帝國和波希米亞王國的京城，而達到鼎盛時期。查理四世並興建了中歐、北歐和東歐第一所大學——查理大學。

布拉格享有「建築藝術博物館」或「建築藝術百科全書」的美譽，在布拉格這個不同風格的城裡，可以欣賞到不同的建築物，例如羅馬式風格的建築物、哥德式風格的建築物、文藝復興時期的特性建築、巴洛克式建築物。這是因為工業革命以後到第二次世界大戰以前，布拉格曾屬於歐洲工業較發達的城市之一，在奧匈帝國有舉足輕重的地位。當時布拉格也曾是一個多民族混居的城市，多元文化是其顯著特色，因此留下了種種不同建築風格的藝術建築。要辨識不同的藝術風格最容易的方法，就是觀察在不同時期出現的建築物，按照外部的特徵，例如門、窗戶、拱頂、柱子、裝飾等就能分辨出來。

布拉格最早的建築風格是羅馬式，從西元十一至十三世紀最普及。當時最典型的建築物是圓形教堂和廊柱大教堂，也就是說全是教會的建築物。兩種建築物都很簡單樸素，而窗戶開得小，是為了戰爭防禦的關係而建得特別小。

布拉格享有建築藝術博物館美譽

布拉格查理大橋上的銅雕
已經被摸得閃閃發亮露出古銅的原色

其次是哥德式的建築，其特徵是尖頂拱式。除了教會的建築物，也出現了無數的世俗建築，一三一〇年至一四一九年，布拉格成為全歐洲最大的城市，出現最豪華的哥德式建築也特別多。

之後則是文藝復興時期的建築物，最具代表性的，是安納王后的夏宮和其唱歌的噴泉、布拉格城堡王室花園的球類運動廳、拉坎尼廣場上的修瓦善堡式宮殿、黃金巷等等。一六一一年之後布拉格的建築就流行巴洛克式，特點是型態的運動，空間互相加強，且互相滲入。因為歷史的演變進化，使得布拉格有著全世界最美的建築藝術群。

透過這種種不同的建築物，我們可以看出宗教的精神一直帶領著捷克人或是歐洲人走過千餘年，在以後的每個時代，生命都有所改進、建築風格都有所創新，甚至宗教信仰也不同於往昔，但是那崇尚真善美的心靈一直存在，引導著他們一步步走向二十一世紀、走向未來。

其實東方也好、西方也好，全世界能夠留下來的偉大建築物幾乎大多數都是宗教建築

峨毛希（Emauzy）修道院的塔樓曾於二戰中被炸毀

藝術，這在全世界一百棟最著名的建築物裡可以看出來，在中國和印度，留下來的也大多是宗教建築物，例如敦煌石窟、雲岡石窟等等都是藝術的瑰寶，但是回顧中國的歷史，每次改朝換代都會毀損許多的建築物，文革期間的破壞尤其令人痛心，中國人果真是劣根性嗎？同歸於盡，毀滅性的破壞思想確實是人類文明最大的敵人。

1查理大學：於一三四八年由羅馬帝國皇帝暨波希米亞國王查理四世所創立，當時的查理大學是由醫學、神學、法律、哲學，四個系所組合而成，是捷克最古老、最大的大學，也是中歐最古老的大學。至今，查理大學擁有十七個獨立而自我管理的學院。

2布拉格建築藝術一覽表：

布拉格建築風格	**風格特色**	**代表建築物**
仿羅馬式建築	從十世紀末到十三世紀中流行於歐洲的教堂建築，樸拙厚重是最大的特色。	聖喬治教堂
哥德式建築	利用無數的尖塔、尖拱型的窗戶，拱門、拱廊形成垂直輕巧、向上飛升的效果。造就了壯闊的城市景觀，從此布拉格號稱「百塔之都」。	聖維塔教堂、火藥塔、提恩教堂、查理大橋

文藝復興建築	呈現出的是一種靜態美。文藝復興具有「再生」的意義，中古時代皆以「神」為中心，文藝復興時期則領悟出應以「人」為中心的建築特徵。	石聖母之屋
巴洛克式建築	外貌精美之裝飾及雕琢，造就出一種輕盈流暢之動態感，配合精美絕倫的工藝技巧，給人一種金碧輝煌之感。巴洛克建築通常看起來就像一尊大型雕塑。	聖尼古拉斯大教堂
洛可可藝術建築	重視內部的裝飾，模仿貝殼、鑽石、植物等流暢的弧形曲線來雕飾牆壁、天花板、門窗，表現出華麗優雅的氣派。	葛茲金斯基宮
新古典主義式建築	重新研究古希臘、羅馬的建築元素，把三角形山牆、成排的列柱還原到當代的建築風格中。	艾斯特劇院
新藝術風格建築	以自然花草圖騰、女眾面孔圖像為裝飾，嵌入在建築立面上，或是彎曲的鑄鐵做成的柵欄中。布拉格的新藝術大師代表是「慕夏」。	市民會館

謙虛無我
胸懷世界

夕陽下挪威廣場上的雕像

去年應挪威協會會長孔德培會長之邀，到北歐挪威去弘法，了解會務概況。前往布教所途中，在奧斯陸的街頭，看到諾貝爾和平獎頒獎廳的建築物，我對諾貝爾獎，終於有一個較全面的了解。

談到諾貝爾獎，我們都知道瑞典斯德哥爾摩最著名，十二月的頒獎典禮是寧靜的瑞典人每年最期待的大事。事實上，諾貝爾獎除了多數獎在瑞典頒發之外，還有和平獎在挪威頒發。

諾貝爾獎（Nobel Prize）是根據瑞典化學家阿爾弗雷德・諾貝爾的遺囑所設立的獎項。一八九五年，已經離開祖國瑞典多年的諾貝爾立下遺囑，表示支持成立基金，該基金將繼承他大部分的遺產，並以每年的收入獎勵給「在前一年，對人類發展做出巨大貢獻的人」。根據他的這個遺囑，從一九〇一年開始，具有國際性的諾貝爾獎創立了。那時瑞典和挪威還是由同一個國王統治，於是這兩個國家共同承擔了這項任務。

諾貝爾獎於每年十二月十日，諾貝爾逝世那天，舉行正式的頒獎典禮。一九〇一年十二月十日即諾貝爾逝世五週年時，諾貝爾獎第一次在原皇家音樂學院頒發了文學、物理、化學和生理學或醫學獎。從一九〇二年起，諾貝爾獎每年由瑞典國王親自頒發。直到今天，瑞典國王在斯德哥爾摩頒發諾貝爾物理、化學、生理或醫學、文學獎；而在挪威奧斯陸，由挪威國王頒發由挪威諾貝爾委員會通過的諾貝爾和平獎。

一九六九年，諾貝爾基金會新設立了第六個獎——諾貝爾經濟學獎。這是一九六八年瑞典銀行在其成立三百週年紀念之際，增設了諾貝爾經濟科學紀念獎，每年由這家銀行提供與當年諾貝爾獎金相同金額的獎金，交由諾貝爾基金會統一使用。該獎由瑞典皇家科學院負責頒發，同時諾貝爾獎將不再增設任何獎項。

諾貝爾獎一開始，當時的瑞典國王奧斯卡二世並不同意將此全國大獎頒發給外國人，但後來意識到該獎金對於這個國家的公共價值，他改變了主意，於是這項獎項開始擴大至全世界各國人士。我想這是一項非常具有前瞻性的遠見，能夠彰顯出全世界傑出人才的貢獻。

挪威特色建築旁的一抹彩虹

挪威的夕陽無限好

歐洲法師們和挪威音樂家合照留念

得到諾貝爾獎固然了不起，但創立這項獎項鼓勵人才的心胸更偉大。諾貝爾的遺囑，是他理想的精華、心血的結晶。雖然他身擁巨富，卻不願把財產分配給親友們。他認為：大宗財產是阻滯人類才能的禍害，凡擁有財富的人，只應給子女留下必須的教育費用，如果留下過多的錢財，那是獎勵懈惰，使他們不能發展自己的才幹。因此，他不顧親友們的反對，決定用自己的全部財產，設立諾貝爾獎金，獎勵當代的世界精英。

除此捐款設立基金之外，諾貝爾也是

一位謙虛的人，曾經有一回諾貝爾正在忘我地工作，他的哥哥來找他，說：「諾貝爾，我正在整理我們家族的家譜，你是名聞世界的人物，沒有你的自傳怎麼行呢？你寫份自傳吧！」

「哥哥，不用吧！」諾貝爾回答。

「那怎麼行呢？」諾貝爾的哥哥勸說道：「弟弟，你寫自傳並不是為你自己，而是為我們家族呀！你寫吧！我們家族的家譜裡有你的自傳，就會增添光彩的！」

諾貝爾還是不同意，他哥哥就反覆勸說，最後，甚至是哀求了：「弟弟，你是怕耽誤你的時間嗎？如果那樣，你就敘說，由我來記錄、整理吧！」

「我實難從命。」諾貝爾態度謙遜，但語氣堅定地說：「我不能寫自傳，在宇宙漩渦中有恆河沙粒那麼多的星球，而無足輕重的我們，有什麼值得寫的呀！」

原來他認為自己做的一切只是為人類該做的一點點事而已，為什麼要拿對人類的一點點貢獻去換取榮譽呢？因此，他始終不答應。諾貝爾的哥哥只好嘆息著走了，諾貝爾又埋頭做起實驗來。就是這樣謙虛無我而又胸懷世界的人，才能夠將所累積的巨大財富全部歸於公，設立基金獎勵精英，讓人才輩出。

從瑞典的諾貝爾，讓我想起家師星雲大師一生為佛教、為人類、為國家貢獻無數，多年來家師在兩岸成立「公益信託星雲大師教育基金」，成立星雲教育獎、星雲真善美傳播獎、全球華文文學星雲獎、三好校園實踐學校等，透過推動社會「真善美」的各種文教活動，希望新聞媒體能多報導社會好事、人間善美，共同營造和諧的家園。希望為傳播人間的真善美，表揚獎勵在文化、教育、新聞媒體等有貢獻的人士，發掘人師典範，弘揚師道，提升教育品質及永久的教育熱忱。成立三好校園實踐學校，開始從大學、國高中、國小各級學校找出讓人感動、學習的典範，「三好」為校園的品德教育注入活水，增進友善的師生關係，形塑優質的校園倫理文化。

家師曾說：「『星雲』這個名字是我自取的，因我自喻為『星』，希望在黑暗中給人星光；我欣賞『雲』的那股飄然與自由不受拘束，故取光明與自由之義而叫『星雲』。

後來才知道星雲是宇宙未成形的稱呼。」

從東方到西方，從兩個獎項中看到了偉人之所以令人尊敬的原因，那是人格特質的魅力，永遠讓人崇敬景仰。

信仰

結禪定印

合掌以為華

莊嚴的荷華寺

光照大千

曾經叱吒風雲的人物，
而今安在哉！
不過是一堆骷髏，
確實「總有一天等到你」！
凝視死亡，就會停歇腳步；
思考死亡，就會得到啟發。
慎思生命無常，
每個人都要能自己做觀音。

西班牙巴塞隆納的神聖家族教堂

法國巴黎白教堂

亞速爾群島的聖母像

如來放光 日內瓦

日內瓦會議中心八正道頂梁

瑞士日內瓦被譽為和平之都，超過二百個國際組織及人道主義機構設於日內瓦，其中包括了聯合國駐歐洲總部、國際勞工組織、國際紅十字會、童子軍總部、婦女和平自由聯盟等，是國際政治、經濟及文化交會之地。佛光山全球首座國際會議中心位於和平之都，星雲大師取名為「佛光山日內瓦國際會議中心」，期許這座中心和其他的人道組織一樣，為世界和平貢獻心力。

「佛光山日內瓦國際會議中心」位於日內瓦四十五個區域的 Grand Saconnex 區，可譯為「盛大山功力」，它是日內瓦的小行政區。盛大山功力面積四點三七平方公里，人口約九千三百人，位於日內瓦城市西邊，環境乾淨，四周是高級住宅區和大使館，交通方便，步行兩分鐘即與 Meyrin 區為鄰，十五分鐘到聯合國駐歐洲總部，與國際展覽館 Palexpo、紅十字會以及日內瓦各國際會議中心，隸屬日內瓦州政府直接管轄；區域的特色是各國的大使館及國際團體組織的所在地，是國際文化交流重鎮，距離日內瓦國際機場及法國邊界僅幾分鐘車程。

日內瓦會議中心的成立是一個奇妙的善因緣，瑞士是中立國，愛好和平，因此日內瓦州政府非常尊重宗教事業，特於 Grand Saconnex 撥地二千四百五十平方公尺做為國際佛教用地，使用時限五十年，以弘揚佛法為主。二〇〇四年瑞士佛光山覺如、覺心法師前往參加日內瓦國際書展，當時已申請到這一塊土地的國際佛教學府成員之一 Nicola Furey 女士，於參加書展時與覺如法師相遇談論佛法，並細說該組織的計畫所遇到的種種困難而無法完成，是年年底必須將土地交還給日內瓦州政府。Nicola Furey 女士久聞佛光山實踐「深入社會、面對群眾、超越國界、弘化全球」理念，並得知國際佛光會身為聯合國經濟與社會理事會的非政府組織（NGO）諮詢顧問，因此請求佛光山完成該組織的願望，在日內瓦啟建首座佛教中心，經過向總本山報告後，大師欣然同意在此建立道場，並取名為「佛光山日內瓦國際會議中心」，除了弘揚佛法之外，也不斷地進入聯合國總部參加各項會議，參與國際事務。

經由國際佛教學府全體人員同意轉交給佛光山，並由佛光山於瑞士註冊的佛光山瑞士

歐洲僧眾日內瓦禪修經行

日內瓦會議中心的冬天雪月景

國際促進會與日內瓦州政府簽約，於 Grand Saconnex 成立佛教國際會議中心，因緣成就。二〇〇五年一月十日在佛光山歐洲總住持妙祥法師主持下，偕同盛大山功力區長 E. Bohler-Goodship 女士、副部長 Beat Vuagniau、日內瓦州長 Laurent Moutinot，以及國際佛光會瑞士協會陳玉明會長等貴賓共同舉行動土儀式。會議中心的整體規劃與建築工程由日內瓦 Anderegg & Rinaldi 建築公司負責，經一年半興建完成。

「佛光山日內瓦國際會議中心」的建築特色融合現代與傳統，不但表現東方傳統的精神，並且希望將此精神傳達到西方的社會。建築以木材和石材為主，代表著佛教的精神。山門入口就有一尊思惟彌勒佛和兩尊觀音菩薩慈悲地歡迎大眾，從路口進入會議中心穿過停車場，就是山門福田造型的丹墀。佛教中的「田」有播種、生長的意思，若能供養應供養的對象，自然可得福報，因此以草地間嵌入一塊塊的石塊象徵福田。整個建築體分三階：第一階是辦公室和會客室、滴水坊。第二階為大殿與禪堂的整合，可以容納兩百餘人，圓形的大殿代表佛教圓融的特點，為法界圓融一系，將佛教的圓融思想以成就人生的圓滿與包容。

會議中心大殿內的法輪屋頂，象徵佛陀證悟心境，智慧圓滿通達，無所罣礙。八根主要梁柱，代表佛法八正道，具足戒、定、慧三學，佛陀以八正道教化眾生，並安頓眾生的身心。地下層設有多用途的活動空間，目前有懷恩堂、文藝展覽廳、教室、會議室、齋堂、圖書館等。

戶外的花園是日內瓦最大的佛教花園，春夏秋冬遍植各種花草，春夏季還有新鮮水果如蘋果、水梨、核桃、草莓、小紅莓、開心果、李子、葡萄等，花園兩旁立有二十尊小沙彌，姿態活潑生動，象徵佛門的生活情景，有作務、修持、打拳動中禪造型，為自然的園林景觀，增添不少意趣。

日內瓦會議中心於二〇一六年六月二十三日，恭請佛光山開山宗長星雲大師舉行落成開光典禮，出席的貴賓包括日內瓦州長 Laurent Moutinot、盛大山功力區長 Arthur Plee、梅湊區長 M. Ducrot、瑞士國際部環保局局長、中國駐瑞士大使朱邦造伉儷、台灣高雄縣長楊秋興、台北文化經濟代表團駐日內瓦辦事處代表沈呂巡伉儷、泰國及不丹大使、瑞士佛教會副會長 Sylvia Guignard、日內瓦國際佛教中心達米卡法師、日內瓦聖彼得大教堂主事牧師、世界基督教委員會牧師、蘇黎世佛教中心法師、越南佛教代表、國際自由宗教聯盟（IARF）駐聯合國代表 John Taylor 博士、盛大山功力國際學校校長、建築師 Daniel Rinaldi 以及六百零二名來自歐洲區佛光會、近五十位國際佛光會台灣參訪團、高雄十八名一級主管隨同縣長楊秋興歐洲考察團等，來自世界各地的中、外人士逾一千五百餘人共襄盛會。

佛光山日內瓦國際會議中心落成啟用後，秉持佛光山弘揚人間佛教、倡導地球人的理念，以聯合國經濟與社會理事會（ECOSOC）授證國際佛光會為聯合國非政府組織諮詢顧問身分，積極以非政府組織的社會服務理念，致力於世界永久和平的推動，建設人間淨土。

正如大殿前的對聯：「如來日內瓦，智慧照耀；人間覺有情，慈悲放光。」佛光山日內瓦國際會議中心將秉持佛陀慈悲精神，如日月般普照日內瓦，並為全球眾生服務。

漫步千塔之都

千塔之都布拉格

應捷克佛光會會員去年的邀約，三月底的春天我終於踏上了千塔之都——布拉格。飛機抵達捷克首都布拉格，大雪滿天飄灑，剛下飛機，一片片雪花飛舞的天空，迎接我抵達千塔之都。啊！今年的冬天走到每個弘法之處都是剛下過雪或是未下雪，今天終於欣逢下雪了。

我來了，布拉格！這譽稱「歐洲之心」的千年之都，我帶著滿心的好奇，由機場經過市區再到北京飯店，此行目的地，展開弘法之行。

特地為會員們選講《般若波羅蜜多心經》，以最簡單的方式讓大家了解這部大乘佛教經典的核心思想，會員們在結束前歡喜地告訴我，終於明瞭這部經的內容了，今年大家的目標就是發願能背誦《心經》，我聽了很欣慰，希望透過背誦這部經典，大家都能如實地了解「自己的心」。

講經過後，在一片歡喜聲中，選出了第一屆的布拉格協會幹部理事，何蓮萍居士以高票當選會長，我期勉大家能夠同心協力在布拉格推動人間佛教，讓佛法的種子散播在捷克這塊土地上。

副會長李宏和秘書沈鳳來居士熱心地帶我到布拉格市區參觀。過去只聽過「布拉格之春」的名聲，卻始終都不了解這個首都。在他們的講解下，我慢慢地揭開了這個古城市的面紗。

開車經過市區時，我看到一棟非常特殊稀有的教堂尖頂，那是在布拉格眾多美麗的建築物中相當突兀的，因為是頗為現代的塔樓。沈鳳來居士告訴我，這棟峨毛希（Emauzy）修道院的塔樓，是第二次世界大戰中極少數被炸毀的建築物，捷克也因此投降，一九四五年戰爭結束拆除，一九六六年才以現代式風格設計別具一格的塔樓取代，

千年古都布拉格

峨毛希修道院現代塔樓重建於一九五五年至一九五九年

布拉格老城區的建築窗景

才能保留其他所有的建築物。我不禁感嘆：「妙呀！投降得好呀！」沈居士奇怪於我的感嘆，我回答說：「如果沒有投降，早就被炸光了，我們今天怎麼可能欣賞到如此美麗的城市。」沈居士同意地回答：「確實是幸運！」多少歐洲美麗的城市，在二次大戰中被毀滅了，布拉格何其有幸呀！因此留下了這個被譽稱為「建築藝術博物館」，將千年來人類偉大的創造留存下來，無怪乎布拉格被世界教科文組織列為人類文化遺產，這個美麗的古蹟留給世人太多的人文饗宴和歷史意義。

投降，因為要和平，投降未必不好，帶給人類後世的子孫才能欣賞到千年的古都——千塔之都。戰爭的成敗，須待歷史的演進方能真正地論斷功過。

1布拉格之春：「布拉格之春音樂節」的創辦年代早於同名的民主運動，一九四六年五月十一日，捷克愛樂為慶祝創團五十週年開辦了一連串的音樂會，廣邀世界頂尖的音樂家們共襄盛舉，布拉格之春音樂節就此誕生。

2峨毛希修道院：建於一三四七年，原是哥德式，戰爭期間改建為巴洛克式，一八八〇年又重新改建成哥德式風格。一九四五年遭轟炸嚴重損壞，薄殼尖翅的現代建築風格，燕尾般雙尖屋頂，是西元一九五五年至一九五九年重建的。

舍利再現荷華

荷華寺是佛光山在歐洲唯一的傳統建築寺院

一直到今天，我還沒有想出當天的舍利子是如何生長出來的。過去在澳洲弘法的時候有數次，有人送舍利子給南天寺供養。印象最深的是，曾經有一位法師供養了尼泊爾當年佛陀入涅槃後，八王分舍利其中的一份所增生出來的舍利，分送給其他國家供養。這位有心的澳洲法師，特地送來南天寺供養。從這些不同的舍利子中我看到有白色、琥珀色、透明的、五彩的舍利子，而尼泊爾這份是琥珀色的，呈現金黃晶瑩透徹、閃亮耀眼，是我看過最美的一顆舍利子。

前兩年調到歐洲，因為巴黎和維也納等都要建寺，心定和尚慈悲送了舍利子，讓道場送給發心的功德主們。今年年初在荷蘭舉辦功德主會和供佛齋天，決定在功德主會當天，頒發舍利子給這兩年發心的信眾。面對功德主們的發心護持，內心非常感動，於是我真誠地發願，對功德主們說：「希望能有多一些舍利子，就能夠分享給更多的功德主。」因此請人從巴黎帶來裝舍利的項鍊，從日內瓦會議中心取來二十一顆舍利子，要裝入水晶項鍊中發送。

沒想到因緣如此地殊勝，二月四日清晨四時起床，一心念佛一邊將日內瓦帶來的舍利子裝入水晶項鍊中，記得當時有聽到一聲清脆的聲音「噠！」，似乎是珠子掉下來的聲音，我還左右巡視有何物品掉落，但沒有看到任何東西，心中也想「桌上都是書籍，不可能有任何珠子的物品會掉下來呀」！

清晨將近五時半的時候完成舍利項鍊裝入，我開始寫論文，突然手一伸，我的眼前一亮，是舍利子嗎？從住的房間裡居然撿拾到一顆相當大的舍利子，我還懷疑弄錯了，但拿到燈下照耀，的確是舍利子無誤，當天早晨陸續撿拾了三十餘顆舍利子，隨即取到大殿早課供養。

早齋時告訴法師們，然後將舍利子一一傳遞給大家瞻仰，每個人都覺得太不可思議，要我回寮房時再仔細看看是否還有？妙益、妙諦法師要我不要太仔細，留些給他們撿。回寮後我又撿拾了幾顆，總計將近四十顆舍利子，三顆金黃色的大舍利子，其他的為透明的小舍利子。如果不是親身體會，我可能不相信。但是千真萬確，那天早晨就是如此地「不可思議」，至今我仍不明白舍利為何會出現在荷華寺的房間內？我住了四天都沒有看到，直到今早將舍利子裝入項鍊時才發現，思索了許久不得解，只能歸諸因緣成熟舍利顯現。然而我深信「人有誠心佛有感應」，這是諸佛菩薩對於歐洲功德主們發心的回應，只是透過我的雙手來撿拾，讓大家分享這份法喜。

回想三十年前曾經讀過《高僧傳》裡，佛法初傳入中國的時候高僧康僧會所遇到的事情，就像這次在荷蘭遇到的情況類似。

梁《高僧傳(卷一)．康僧會傳》中說，康僧會的先祖是康居國(漢時西域古國)人，本世居印度。他的父親因為經商的緣故，移居到交趾(今兩廣一帶)。在康僧會十多歲時，他的父母雙亡。在守孝期滿後，他出家為僧，修習佛法。他對自己要求十分嚴格，篤實好學，不僅精通佛典，而且「天文圖緯，多所綜涉」。

當時孫權控制的東吳一帶，雖然曾初聞佛法，但風化未全。康僧會為了使佛法在東吳之地興盛，便手持錫杖來到東吳。在赤烏十年(二四七)他到達建鄴(今南京)，營建茅庵，設立佛像，開始弘法。當時東吳人第一次見到僧人，見其形貌衣飾奇異，便懷疑他傳的法有詐。於是有司向孫權報告：「有位胡人入境，自稱是佛教沙門。容貌服飾不同尋常，因此應該對他進行查驗。」孫權聽後說道：「從前，漢明帝夢見一位大神，其名號稱為佛陀。他所做的事情，難道是佛陀的遺風嗎？」

孫權馬上召見康僧會，問他所傳的法有何靈驗？康僧會回答說：「自佛祖涅槃以來，已過去千年，但他所遺留的佛骨舍利卻神曜無比。當年的阿育王，建造了八萬四千座佛

一朵紅塵中的淨蓮　荷蘭荷華寺

塔收藏舍利，是為了弘揚佛祖的遺願。」孫權認為這是誇誕之詞，於是對康僧會說：「如果你能得到舍利，我就為你建造佛塔，否則要根據國家的法規處以刑罰。」

康僧會請求孫權給他七天的時間。待回到自己的茅庵後，他對弟子說：「法之興廢，在此一舉。今不至誠，後將何及？」於是康僧會與弟子們潔齋靜室，並把銅瓶放在几案上，焚香祈禱。但是七天過去了，銅瓶內空無一物。康僧會又向孫權再給七天時間，情況依然如此，孫權非常生氣，說道：「此事如果真的是欺騙，我就要加罪於你。」康僧會再次請求第三個七天，孫權准許了。

康僧會對徒眾說：「孔子曾說：『文王既沒，文不在茲乎？』佛本應顯靈，可你我卻不能使其感動。我們這樣無用，還用得上國王的法令？只有發誓：若再不靈驗，我們就去死。」

第三個七日的晚上，銅瓶內還是沒有一點動靜。所有人莫不震懼，只有康僧會面色如常。到了五更時分，忽然聽見瓶中發出聲音，康僧會馬上打開觀看，瓶中果然有舍利。

次日早晨，康僧會將舍利呈送給孫權。滿朝文武大臣一起前來觀看，只見那舍利放射出五色的光芒，照耀到瓶身。孫權親自執瓶將舍利倒在銅盤上，不料舍利卻將銅盤穿透擊碎。孫權肅然驚歎道：「這真是世間罕見。」康僧會又告訴孫權，舍利不僅可以放射出五色的光芒，而且火不能將其燒毀，金剛杵也不能將其擊碎。孫權乃下令讓人試驗，果然舍利在任何情況下都沒有壞損。孫權大為歎服，於是立即為康僧會建造佛塔，允許其在寺中傳法。因為是江東的第一座寺院，所以寺名為建初寺，其地名為佛陀里。從此，江東佛法才逐漸興盛起來。

舍利子的生出顯現是可遇不可求，因緣成熟就出現，如果不用心修道弘法，舍利子也可能會不見。因此來自當來處，去至當去處，無所從來，亦無所去，果感因緣。對於這件喜事，我內心衷心感謝佛陀的恩德，增長大家的道心和信心。更祈願歐洲建寺的因緣能夠順利圓滿，早日完成道場建設，利益更多的大眾聽聞佛法獲得法益。舍利因緣不可思議，願以此功德回向眾生離苦得樂，佛法廣布歐洲大陸。

遇見瑪利亞觀音

合掌瑪利亞像如觀世音菩薩

在亞洲，最普遍的信仰是觀世音菩薩的信仰，到歐洲，見到最多的是聖母瑪利亞，教堂裡或聖母院，總是會看見瑪利亞的聖像。第一次在巴黎聖母院的門口看見大門上的雕像，我內心一陣震撼，這中間大門的雕塑，不就是觀音千手千眼的姿態嗎？兩旁的聖者雕像，不就是諸大菩薩和諸大聖賢的化身嗎？

在我的心目中，我感受到瑪利亞就是觀世音，觀世音就是瑪利亞，東方觀世音，西方瑪利亞，其實是不二的，二而一，一而二，形象服裝雖異但類似，而基本內在本質都是慈悲善良。

在葡萄牙里斯本的日子，有一天和紐西蘭青年雅涵一起路過街頭，意外地走入一棟碩大的建築物。雅涵說：「可能是教堂吧，我們進去看看。」參訪後了解，原來是當地著名的教堂，參觀大殿拍過照片後，被文物流通處的一尊造型優美慈悲的聖母像吸引住，這簡直就是觀世音菩薩的化身嘛！於是我們兩個人各請了一尊，一尊是合掌、一尊是張開手掌的形象，這一合一張也是不二。覺心法師問我怎麼想到要請購這尊聖像，我說在

西方的聖母瑪利亞如同東方的觀世音菩薩如慈母般俯視眾生子

我心中這就是「瑪利亞觀音」，於是乎我為他解說日本江戶時代觀音化身瑪利亞的事蹟。

日本江戶幕府時代，德川幕府禁止異教的信仰，全國上下只能信奉佛教，倘若天主教等異教徒被捉到時，必須願意對著耶穌的神像踏過、吐痰，才允許繼續留在日本，否則就得被流放到他方，嚴重者處以死刑。

異教徒的神職人員和教徒都很苦惱，一位天主教的神父虔誠地祈求聖母瑪利亞，希望可以保留他們的信仰。一天，這位神父夢見了觀世音菩薩，觀世音菩薩告訴他可以把瑪利亞的聖像雕塑類似觀世音菩薩，稱為「觀音瑪利亞」。要祈禱時，聖像就是瑪利亞，如果被懷疑而必須對著聖像踐踏、吐痰時，則以其為觀世音菩薩，於是觀世音菩薩變身的瑪利亞，成為隱藏的天主教徒膜拜的對象。結果這尊「觀音瑪利亞」幫助了許多基督教及天主教信仰者保持其信仰，逃避了受難刑死。在佛教，這尊「觀音瑪利亞」則被稱之為「瑪利亞觀音」。目前日本、台灣還保存有這尊「瑪利亞觀音」的雕像。

《菩薩戒經》云：「菩薩應代一切眾生受加毀辱，惡事向自己，好事與他人。」這尊「瑪利亞觀音」以無我空性的智慧千處祈求千處現，度化苦難眾生，唯有菩薩能以無我的智慧，榮耀願意分享給別人，成就不必在我，但是遇到苦難、挫折或侮辱，卻心甘情願願意代替，發菩提心實踐菩薩願行者，能如是觀照自己，捨棄害人的惡念，以良善的心念待人處事，自然能一切暢行無礙，福德增勝。

教堂和聖母院參訪得愈多，我更加感受到觀世音菩薩無處不現的精神，如《普門品》

中所云：「應以何身得度者，即現何身而為說法。」、「千處祈求千處現，苦海常作渡人舟。」無論瑪利亞或是觀世音菩薩，都是慈悲的象徵，如慈母般的慈愛眾生，無論在哪一個國家、哪一塊國土上，母親的慈愛是人人需要的，這就是為何西方有瑪利亞，東方有觀世音菩薩。最重要的是，我們每個人都要能自己做觀音，慈眼視眾生。

巴黎的水果巷

巴黎水果巷水果成熟中

巴黎佛光山的網路線，因為臨時的佛堂工程，已經無法接通三個月了。六月歐洲聯誼會舉辦過後到巴黎去弘法，為了要聯絡事情，晚上只得到距離道場最近的會員——佛光會副會長吳慧玉居士的府上去上網。我們幾位法師散步二十分鐘後抵達她在九十四區的家，全家大小都熱情地接待，一會送來梅子蘇打水，一會又是西瓜切片，一會小兒子金華又來問是否要吃冰淇淋。覺容法師開玩笑說「簡直是高級網咖」，弄得大家歡笑不已。

慧玉的大女兒翠琳主修法律系，是巴黎佛光青年分團的優秀會員，目前正在準備考律師執照。由於再過幾天我就要為信眾宣講「禪與人生」佛學講座，翠琳擔任法文的同步翻譯，藉此因緣，正好先為其解說大意，將禪宗「十牛圖」內容敘述一遍，讓其熟悉基本的佛學名相。翠琳很有善根，組織能力也強，去年也幫忙「茶禪悅樂」活動的即席翻譯，我敘述的當下，她立即同步用電腦將法文繕打下來，真不愧是法律系的高材生。這樣的華人移民第二代青年充當翻譯，讓我很放心，她既懂得中文，法文又流暢，旁邊還有個虔誠的媽媽擔任中文助理解說佛學名相，相信透過她的口譯，能夠正確地傳遞人間佛教之佛法，讓本地的法國人也能聽聞禪法。

慧玉的先生許發居士從事銷售鞋業，很體貼家人，平日除了在店裡工作外，甚少出門，大多成就太太、女兒和兒子出國學習，一年裡只有八月分休假一個月，和全家人出去渡假，放鬆身心，是大家讚歎的「好男人」之一。今日完成「禪與人生」佛學講座後，只有我和覺容法師兩人須上網傳資料，走到其府上，轉入巷口就看見許發站在鄰居門前，他說剛剛採了一些枇杷水果，要請法師們品嘗。我一看那棵高大的樹，果真是枇杷樹耶！想不到在巴黎這個世界聞名的都市裡，也有東方的枇杷樹，既意外又驚喜。

許發說住在這裡幾十年鄰居的法國人都不吃枇杷，果樹都是他們去採來享用，今日採枇杷，鄰居的法國太太還站在樓上指揮，告訴他哪邊的果實比較大，他歡喜地採了一大籃果實要供僧。接著他又介紹了對面還有櫻桃樹、葡萄、桃子、梨子樹等等，每年都能夠大豐收一番。唉！走了幾回這條巷子，從來沒有注意到，也沒有想到這麼一條小巷子居然有這麼多的水果。因為土質好，雖然沒有施肥，水果卻又大又甜。覺容法師不禁讚

巴黎的水果巷採枇杷

巴黎水果巷的梨子

歎：「真好耶！住在水果巷裡，也無須自己去澆水施肥，只要負責去採收果實。」

許發說鄰居們大家都忙著工作，下了班看電視、上網，沒有人要來採水果，只有他這一家東方人雀躍無比，他也樂得當農夫採果實，這真是有福報的人哪！不必種植就能享用「有機」的水果，但是話又說回來，許發居士一家大小，從太太慧玉到最小的八歲女兒永恩，都是在道場發心擔任義工，經常為社會服務，無怪乎會如此有福報，所謂「要怎麼收穫，先那麼栽」！佛教的「如是因如是果」，的確是真實不虛。

許發還告訴我，剛開始學佛時，太太慧玉發心義務幫忙道場的中文班教書，一教就是十六年，親戚們頗有微辭，說她經常不在家跑去道場當義工，擔心小孩學壞。但是這麼多年下來，幾個兒女長大都很優秀，老大原先在盧森堡實習律師，現在回法國巴黎考律師執照。老二在上海工作，也是法國迪奧公司重要幹部。老三今年剛考上大學，剛剛去日本短期學習。老四兒子長得很俊秀，個性也善良。小女兒永恩還沒有出世，已經在夢中告訴媽媽慧玉，她是觀世音菩薩送來的。果真永恩三歲就會背誦《心經》，爸爸大為感動，於是也開始背誦《心經》，現在每天都以《心經》為日課持誦，一家大小成了佛化家庭。現在親戚們都了解到，原來學佛的家庭每天都奉行三好運動，「做好事、說好話、存好心」，在潛移默化中，子女個個都受佛法影響。學佛的孩子不會變壞，個個都是優秀的人才，現在全家成了名符其實的菩提眷屬、佛化家庭。

兩岸青年展真情

國際青年會議兩岸青年展真情

剛剛接到要調職歐洲的消息不久，國際佛光會青年總團部的執行長慧傳法師，有一天笑瞇瞇地告訴我：「哈！好消息，明年度二〇〇七年國際青年會議要在日內瓦舉行，由你負責主辦。」

「啊！我真是幸運無比，人還未就任，工作已經來了。回到佛光山叢林學院擔任院長又兼中華青年團總團長，連續辦了三年國際青年會議，明年還是輪到我負責。」真是三生有幸耶！

抵達日內瓦的時間不長，道場也才開光幾個月，信眾會員的基礎尚淺，籌備事項起頭難。艱難困苦下，首要之務就是召集青年們成立日內瓦青年團，經過黎育健、趙団、韓穎、梁穎祺等的一番熱心奔走，終於在這次的會議中正式成立了日內瓦青年團。

國際青年會議經過半年的籌備，終於順利進行，感謝歐洲各道場的法師們，和歐洲各協會會員們、歐洲各青年團同心協力才能圓滿。會議期間來自二十餘國，包括中國和台灣兩岸的青年兩百位精英參加。由於國際佛光會是 NGO 的會員，因此這次的會議申請在聯合國總部召開，佛光會也是第一個被核准在聯合國內開會的團體。

會議進行得相當順利，暗自慶幸一切順利時，卻危機四伏。進入聯合國開會當天辦理手續時，持台灣護照的青年被拒，大都無法進入會場。了解後方知，因為中國方面對於五月分WTO會議中台灣代表的發言有意見，自此後對於持台灣護照都不准進入。這晴天霹靂頓時讓大家傻眼，經過一番交涉後，聯合國的工作人員也相當幫忙，只要持有其他證件的都給予協助辦理通關進入，但是還是有二十餘位青年無法進入，某位青年雖然可以進入開會，但當下馬上決定，陪同這批青年們到市中心去參觀旅遊，讓人感受到青年的「同體心」。

會議因手續延誤拖到十一時才開始，各國的青年代表們將各自準備「如何推動世界和平，促進人類和諧的活動」報告，以精美的投影片或是用影片來呈現，內容精采絕倫，充分顯示出佛光青年的卓越，聯合國的工作人員非常讚歎這批青年的胸襟和視野。

晚上由慧傳院長和我一起主持座談會，讓青年們對今日的事件充分發言。大家的態度

二〇〇七國際青年會議台灣青年團表演

二〇〇七國際青年會議英國倫敦青年團表演

二〇〇七國際青年會議於瑞士日內瓦會議中心舉行

都非常積極而正面，未能進入的青年們說：「塞翁失馬，焉知非福？雖然未能進入開會，卻有機會欣賞了日內瓦的美麗風光。」其他許多青年也表示政治不應該介入這件事情。

某位來自中國的青年起來表達遺憾，認為聯合國不應該將持台灣護照的青年拒之於外，講完後有一位青年非常憤慨地說：「哼！這下子你們（指中國大陸的青年們）可高興了吧！我們台灣的青年不能進入開會。」這位中國青年馬上回答說：「我怎麼高興得起來呢？我的兄弟被人欺負無法進入一起開會。」一話語講完大家感動地鼓掌聲久久不停！這一刻兩岸青年們展現出同胞的真情。

從青年的互相友愛來看，兩岸畢竟同文同種，雖有地理之隔，但中國人畢竟是一家人，阻隔不了彼此關愛之心。這批年輕人能夠突破政治的對立互相友愛，說明了在佛法薰陶下，青年們體會出同體共生的關係，人間苦難已經夠多，何必在紛亂衝突的世界裡製造對立呢？如果說這次的國際會議最大的成功是凝聚了世界各地青年們的共識，尤其是兩岸青年展現的真情，說明人類都是兄弟應該要相互友愛，不要彼此仇恨對立下去，「以恨不能止恨，以愛才能贏得愛」，佛光青年是未來世界和平的希望，我如是期許。

維摩在歐洲

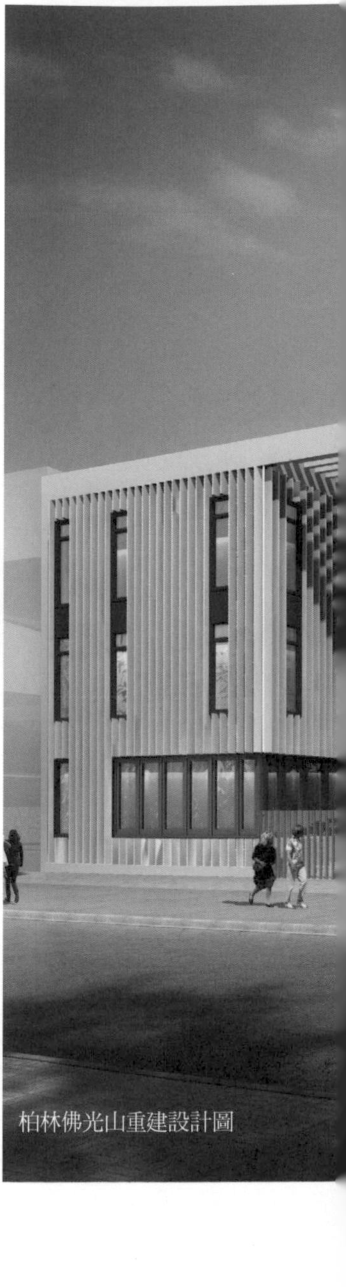
柏林佛光山重建設計圖

佛教是由四眾弟子出家比丘、比丘尼，在家優婆塞、優婆夷所組成，僧信二眾猶如鳥之翅膀，須同心協力方能展翅高飛，為因應現代佛教的需要，結合在家信眾的力量，強化弘法功能，如古代的維摩居士、勝鬘夫人及妙慧童女等；近代的楊仁山居士、李炳南居士及唐君毅、方東美等學者，皆以在家居士之身，而在社會各階層中宣說佛法，利益廣大群眾。

有鑑於此，國際佛光會創會會長星雲大師基於佛教必須人間化、現代化，才能與廣大信眾結合、發展，提供給信徒更寬廣的空間，因此，一九九三年十月首創檀講師制度，這項制度在佛教史上是革命性的創舉，為佛教寫下了不朽的新頁。大師深深感受到，今日佛教更需要有一批優秀的檀講師來擔當弘法的重責，不僅有助於提升信徒的層次，尤其可以擴展弘法的空間，對於推廣人間佛教，將有實質的利益。

歐洲區佛光會在十餘年前，也開始培養出本土的檀講師，其中德國的平海檀講師和英國倫敦的倪世健檀講師，曼城的陳慧蓮檀講師和今年剛剛加入的英國人 Yann Lovelock 檀講師，分別以德文、中文、英文等傳播人間佛教，為人間佛教在歐洲地區增加傳布的力量。

德國平海檀講師

柏林佛光山平海檀講師（Herr Roland Berthold），是佛光山歐洲地區第一位外籍檀講師，除翻譯德文版《早晚課誦本》外，他還致力將星雲大師諸多的著作翻譯成德文，對於佛光山在德語區的本土化，功不可沒。

佛光山未在德國設立道場之前，平海已是一學密之虔誠佛教徒，後來有因緣至台灣基隆一寺院參加佛七，當下他深感與淨土法門特別相應，並決定以此做為日後的專修法

平海是佛光山歐洲地區
第一位外籍檀講師

平海檀講師二〇〇四年與大師有約

二〇〇五年德國萊比錫書展
平海檀講師解說星雲大師文章

門。回到德國，為了在此法門更精進，他不辭辛苦，四處尋覓可提供此類修持的寺院。因緣際會，一九九三年，在友人引薦下，平海來到了柏林佛光山，終於就近找到一道場可以念佛，這令他歡欣不已，也開啟了他在佛光山發心奉獻的因緣。每年七天的彌陀法會，他都受頒「全勤獎」。有一年法會期間，冰天雪地，其他信徒都決定因氣候異常惡劣，就由法師「代為」誦經回向好了，但他還是一步步小心翼翼地摸著牆走到道場，完成他的念佛功課！

這樣的堅持，也在其他各方面展現，平海自公務人員退休後，以其一絲不苟的態度，從事翻譯。原本非常排斥使用電腦的他，但為了翻譯之便，他以退休之齡，放下了自己的「不喜歡」，買了生平第一部電腦並從頭學起。對於翻譯是字字錙銖必較，縱使已校對到數不清第幾遍，他還是要力求盡善盡美，連逗點後多空一格都逃不過他的法眼，甚至於與其合作的妙祥法師都發出「可不可以不要再校了」之語。對於字義，他亦小心謹慎，遇有那一段經文不懂，他必請求法師逐字逐句解釋，絕對不容以「大概的意思是……」含糊帶過。若還是不清楚，他會再去查詢英文佛學辭典，並廣泛閱讀相關資料，平海就是以這樣一絲不苟的態度，陸續譯出並出版發行的有《禪的真諦》、《人間佛教的基本思想》、《偉大的佛陀》、《早晚課誦本（一）》等。目前德文《佛光祈願文》已在進行出版事宜，翻譯進行中的還有德文版《大悲懺》及《三時繫念》。

此外，甫踏入佛光山之際，他就應法師之邀，於法會共修時，固定以一位德國人立場講說學佛心得。多年的法布施，平海於一九九九年被聘為佛光山檀講師；二〇〇四年星雲大師法駕柏林時，再親自授予其升等為二級。現在道場每週三的德文班課程也是由其倡議、籌組，並一同與法師帶領，他「堅持」無論刮風下雨都要上課，因為唯有如此才能凝聚大眾，本土化也才有可期之日。除了上課，他會以電話聯絡彼此情感，並帶領外出參訪、禪修，讓學員有家的感覺。他努力從其中發掘人才，為佛法傳承做十足準備，現任柏林協會會長 Wolfgang 便是由此因緣而來，而後被委以重任。

平海檀講師除發心翻譯大師各種著作之外，也關心德國廣大信眾的度化，二〇〇五年柏林佛光山首度報名參加萊比錫書展之因緣，乃因柏林檀講師平海建議妙祥法師，需要提供因緣給廣大東德沒有佛教信仰者一個機會接觸佛法，因為來參加萊比錫書展的對象為讀者，妙祥法師當下隨即請檀講師代替星雲大師，在書展上與當地讀者面對面的交流。

三月十九日平海檀講師及 Haefele 醫師代表星雲大師，在書展所安排的朗讀會場之一的「宗教朗讀島」（Liesinsel Religion），朗讀星雲大師的德文著作「迷悟之間」系列書籍，平海檀講師首先說明：德國佛教於一百年前最先在萊比錫成立佛教團體，誰也沒有想到，百年後佛教能在萊比錫的書展會上展出佛教的書籍！雖然在德國的佛教團體很多，但是，中國佛教的僧團則由今日所要朗讀的這系列書籍的作者星雲大師帶進德國。平海檀講師代替大師宣讀，讓廣大德國民眾透過此法音宣流認識佛教，實功不可沒。

目前德文版《佛光祈願文》已在進行出版事宜，平海則繼續孜孜矻矻進行德文版《大悲懺》及《三時繫念》之翻譯。對於未來身後事，他為已故之同參道友 Gruener Haefele

醫師及自己千挑萬選找了一面向西方之墓地，墓地旁有二棵樹，平海表示那象徵著佛陀涅槃時的娑羅雙樹。精進修持淨土法門的平海，連此都做了準備！就如同被問到：「為何修密多年後會轉修淨土？」平海的回答是：「二十年學密，正是為了學顯教而做準備！」

學佛多年又身為檀講師，平海檀講師仍是十分地謙沖為懷，在其翻譯的《早晚課誦本（一）》序言裡說：「這是德語弘法的一小步，除了學術著作外，是讓傳統誦經方式深入德國人日常生活的弘法方式……」雖然自謙是「一小步」，卻是未來的一大步，透過此可讓許多的德籍人士了解經典之深遠義涵，無限的眾生將因此得度。

英國 Yann Lovelock 檀講師

國際佛光會倫敦協會二〇〇八年十一月三十日，在倫敦佛光山舉辦第八屆會員大會，會中除了改選會長、理事外，由倫敦佛光山住持覺如法師代表世界總會，頒發英語檀講師資格予伯明罕大西部區佛教聯盟執行長 Yann Lovelock，並頒發英語檀講師證書與披

Yann Lovelock
承諾把佛教真理介紹給所有人

榮譽肩帶。服務佛教界多年的 Mr. Yann Lovelock，目前是英國西北區佛教會主席，亦是佛教網絡聯盟教育組負責人，經常參與南北傳佛教活動，多年來為英國佛教界提供非常多的寶貴建議。

授證後，Yann Lovelock 檀講師首次參與今年一月五日，佛光山日內瓦會議中心與日內瓦聯合國事務部，在日內瓦聯合國會議廳，首度共同舉辦的「國際青年參與聯合國事務入門」圓桌會議，擔任主持人，這場會議全程以英語進行，邀請日內瓦聯合國非政府組織事務部

Espinosa 部長、西班牙國際人權學會暨日內瓦聯合國教科文組織法學專家 Puyana 先生、聯合國開發計畫總署 Poltier-Mutal 經理、日內瓦聯合國碩士研究計畫組 Nimako-Boateng 女士共同主講「青年在聯合國以及國際公務上的貢獻」、「在聯合國中，人權與和平權的基本觀念」、「聯合國千禧發展目標與青年參與」，以及「認識聯合國組織系統的碩士人才養成計畫」等四大主題，計有來自瑞典、英國、葡萄牙、西班牙、荷蘭、德國、奧地利、法國、瑞士以及日本等十國、逾四十名佛光青年與會參加，共同與聯合國事務人員進行一場「青年與聯合國」的知性對話。

Yann Lovelock 檀講師以幽默風趣串聯，使得圓桌會議順利圓滿，讓與會大眾如沐春風。

未來 Yann Lovelock 將繼續為佛教在英國的弘傳盡一份心力，正如在授證典禮上 Mr. Yann Lovelock 感謝佛光會聘任他為檀講師，他向大眾承諾，未來會盡力宣揚佛教的教義、理念，把佛教真理介紹給所有人類，將愛與慈悲傳送給一切眾生。

國際佛光會檀講師制度的建立，有助於提升信眾信仰的層次，對未來佛教的發展會有很大的助益。星雲大師期許佛光會員大家能把握難遭難遇的機會，努力當個檀講師，本著佛教慈悲、智能的特質，發心立願，誓為佛法的弘傳而奉獻心力，讓佛光的僧信二眾一起攜手共創佛教的新紀元！未來歐洲佛光將繼續培養各國語文的檀講師一起加入人間佛教的行列，讓多語文的歐盟能夠有法文、西文、葡文、荷文等的人才，為歐洲佛教奉獻。

勝鬘在歐洲

倫敦佛光山

英國倪世健檀講師

倫敦佛光協會督導倪世健加入佛光會十餘年，擁有多重身分，既是國際佛光會的檀講師，也是人間通訊社的記者，協助道場、佛光會的撰稿、攝影等文宣工作。她也在道場發心教授元極舞，近五年來更每月定期至監獄做輔導工作五次，同時也曾經二次代表參加世界佛教論壇，今年第二屆世界論壇會議在中國無錫和台北舉行，她代表英國佛教界發表論文。

十餘年來，倪檀講師奉行總會長星雲大師所說：「人人當義工，正是諸佛菩薩的精神體現！向來以建設人間淨土為己任的國際佛光會會員們，希望大家都能發願當義工，效法諸佛菩薩的精神，以真理為人服務，樹立義工的榜樣，並能從服務奉獻中自我成長，繼而影響家人、親友、社會，一起從佛法中獲得昇華。」

走過十餘年的佛光生涯，倪檀講師在二〇〇九年荷蘭功德主會，分享她多年來的心路歷程，她的自我介紹從早期「我是佛光會的會長、督導」，到現在「我是佛光會的義工」，內心無限的法喜自在。她說在佛光會裡每個階段遇到的煩惱，心念的浮浮沉沉都是成長的機緣，並衷心感謝佛光山提供的舞台讓她走出我執，從關心自己到服務大眾，找到人生的第二春。現在更加地體會「煩惱即菩提」，在大眾中好修行，從服務中身心更加自在安樂。

令人很難想像，發心跨足如此多領域的她，從小卻因為畏懼傳統寺院牆上總是畫著令人毛骨聳然的十八地獄圖像，所以對佛教並不喜歡，甚至有點排斥。但她感恩其表嬸孫張清揚女士的接引，種下日後與佛光山的善緣。而後移民至英國倫敦，陸續看了佛光山開山宗長星雲大師諸多著作，以及蔡志忠漫畫的《六祖壇經》，才發現佛教是如此地不一樣，從此對佛光山的護持不遺餘力。

學佛之路長遠，十餘年來的發心，總有遇挫折之時，但不論如何，倪檀講師還是堅持學佛這條路！因為她堅信星雲大師的諄諄叮嚀：「師父領進門，修行在個人。」也因此每個境界都是對自己最好的考驗；每個階段、每個任務都是最好的學習！譬如穿梭現場攝影採訪時，才知道「報導」並不只是表面上之報導而已，背後還得做足歷史背景等各項功課。參加「世界佛教論壇」、「國際佛光會世界會員大會」及「國際佛光會歐洲聯誼會」此類國際活動，更是大開眼界，深深感受到只聽別人說是不足的，要親身參與，自己去看、自己去聽、自己去感受，透過交流，從別人身上學習，如此才能得到真正的增長。

倪檀講師表示以前的人生都是為家庭、為工作、為別人，現已屆退休，終於可以把時間留給自己，做自己喜歡的工作，那就是——深入研究佛法，協助弘揚人間佛教！所

佛門開放日倪世健督導帶領抄經

倪世健督導讀書會分享

以她更積極從事監獄弘法，做心理輔導工作，不間斷地去倫敦吉域機場 Tinsley House、Brook House（拘留所）以及希斯洛機場 Mersworth,IRC,Bedford 等監獄弘法。將佛法用一個個的小故事展現，讓他們了解命運操之在己，雖然身陷囹圄，但仍能心存平靜。未來倪檀講師還要繼續「做中學」，發願做一位人間佛教的菩薩行者。

曼城檀講師陳慧蓮督導

陳慧蓮督導與佛光山的因緣甚早，為了能夠在曼城也有道場可以聽經聞法，在一九九三年，特地帶領信眾們二十餘人，由曼徹斯特前往倫敦佛光山向法師們請法。當時的監寺法師慈允二度前來曼城，在市政廳和新寶城酒樓做兩場佛學講座，灑下甘露法水。同年七月二十四日欣逢星雲大師在倫敦佛光山主持皈依三寶典禮，陳慧蓮督導與十餘位信眾前往參加，得到大師首肯籌備國際佛光會曼城協會，並委任各人司職。八月開始，倫敦佛光山法師為輔導法師，指導籌備會務運作和活動。一九九三年八月二十二日，正式成立「國際佛光會曼徹斯特協會籌備會」及「佛光寺曼徹斯特布教所」。星雲大師一九九四年八月廿日首度應邀蒞臨曼城，在曼城中央圖書館，親臨主持曼徹斯特佛光協會、雅適士佛光分會主持成立大會，以及皈依三寶典禮，在三百多名與會者見證下，頒旗授證，國際佛光會曼城協會正式成立。第一任會長由陳慧蓮擔任，副會長王書優、張佩玉等共同帶領會員配合道場，攜手同行，邁向弘法旅程。

在英國警政部門服職多年，陳慧蓮督導擅長英文，經過多年的學習佛法，因此英文佛學造詣愈來愈深入，在國際佛光會第六屆世界大會於日本東京舉行時，授證成為檀講師，兩年後榮升一級。此後除了協助道場英文佛學課程外，她也經常在法師們的佛學講座擔任粵語或英文的即席翻譯，為曼城佛光參訪的各界人士上佛學課，主要對象以政府人員、學校、醫師、護士、教職員等為主；十年來不間斷地弘法，在 BBC 電台每週日晚間「東方地平線」節目主持「星雲談天說地」，將佛法傳播到全英國，讓英國本地人士能夠透過電台聽聞大師妙法。

近年來陳慧蓮檀講師經常代替，並協助曼城佛光山對外參加各項宗教交流活動，例

陳慧蓮檀講師代表曼城佛光山出席
「緬懷大屠殺遇難者國際紀念日」活動

曼城佛光山

如：二〇〇七年三月十三日曼城佛光山妙恆法師偕同陳慧蓮檀講師、青年 William 代表常住及佛光中文學校，應邀出席由政府慈善執行委員會於 Birmingham 市佛教道場 Maha Vihara 舉行的佛教慈善團體組織會議，共七十多人與會。官方出席代表有現任慈善執行委員會主席受封女百爵 Dame Suzi 及兩位委員代表。另外的民眾團體有南傳佛教、泰國佛教、日本佛教、多種族文化團體及大乘佛教曼城佛光山等。

二〇〇七年七月二十日曼城佛光協會陳慧蓮督導、葉少芬會長今代表常住，應邀前往 St. Ann Parish Church 教堂，參加 Trafford 市新任市長 Councillor Judith Lloyd 所舉辦的「國民日」。

二〇〇八年為促進種族平等，並培養不同種族團體間彼此互相尊敬的文化，斯托克波特都市自治區市議會，特地安排轄下負責「多元種族服務」的十四位員工，在主任卡蘿克朗普頓（Carole Crompton）的帶領下，十月二十九日參加英國曼城佛光山半日佛學課程。團員大多數是親子關係諮詢顧問，以及各級學校教師，陳慧蓮檀講師簡介佛教歷史、三寶、基本教義及佛光山，並帶領參觀道場設施。

二〇〇八年聯邦日參加曼城 Manchester Cathedral 教堂的「友誼和平祈福會」，在曼城的一間教堂 Manchester Cathedral 舉行一場「友誼和平祈福會」，邀請不同宗教信仰代表參加。曼城佛光山是其中唯一被邀的佛教團體，佛光會督導陳慧蓮，跟隨妙恆法師及副會長葉少芬，一起前往參與這場祈福會。曼城區英國國教 Manchester Cathedral 教堂，為英國女皇登基五十週年慶典，做隆重的祈禱法會，曼城佛光山代表佛教團體受邀參加，與會有曼城市長、各宗教代表等，佛光會陳慧蓮督導偕同俞才安會長、葉少芬副會長前往參加祝禱。

二〇〇九年三月七日曼城佛光山應邀參加曼城 Faizan e Islam 舉辦的「穆斯林先知誕辰慶典暨跨宗教聯誼大會」，與會者除了穆斯林本宗教徒之外，佛教、基督教、警察局和當地地區政府，都派代表出席了本次盛會。佛光會督導陳慧蓮代表曼城佛光山出席，並發表佛教演說。

會議中，Faizan e Islam 創始人與基督教、佛教、警察局和地區政府的代表紛紛上台，就各自宗教和組織的主旨，以及運作方法發表演說。在演講中陳慧蓮檀講師說明人間佛教的思想，也體現佛光人如何用佛法的力量，讓自己的想法和行為達到最和諧、最平衡的狀態。她並表示穆斯林在宗教儀式方面，和佛教有很多相似之處，只是大家面對的人群和風俗各不相同，表現出來的方式也會有所不同。但無論伊斯蘭教還是佛教的主旨和目的，都是導人向善、安定生活、助人為樂、心生慈悲。通過此次會議，當地穆斯林很感謝曼城佛光山的參與和支持，並希望以後有更多的接觸和聯繫。

陳慧蓮檀講師衷心感謝佛光會提供了一個機會，讓她能夠和英國本地人士分享佛法的喜悅，這一切都是曼城佛光山和佛光會所成就，未來她將以一顆感恩的心，回饋給社會大眾。

我們在等著你！

船桅杆後金色夕陽

到中國看寺廟，在歐洲街頭見到最多的是教堂，各式各樣的教堂建築令人歎為觀止，而所有教堂裡最讓人印象深刻的是「人骨教堂」。今年六月歐洲僧眾講習會，安排五天的禪修和研討會，最後一天下午回程時候，課程安排法師們前往人骨教堂修「不淨觀」，「參」人生最後的真相。

葡萄牙這座人骨教堂距離里斯本南方一百多公里的一處小鎮，高聳的大教堂旁就是一座人骨教堂墓地，墓地的正門口上方刻寫了拉丁文：「我們在等著你！」進入人骨教堂內，迎面而來就是一顆顆的骷髏頭對著你。我看到來訪的各國人士，其中有的人自在無礙地向旁邊的友人或親人談天說笑，有的人嚇壞了，堅持不進去，對於死亡的態度每個人有所不同，反應也大異其趣。

這個教堂裡面，總共有五千顆骷髏頭，都是由當地的墓園集中而來，據說都是有宗教信仰、有修行的居民其死後的骨頭，有的放在牆上，有的在天花板上，有的是正面的骷髏頭，有的是手腳骨頭堆積而成不同的符號，整個人骨教堂內充滿了藝術感。我看了旁邊的說明牌，才知道這些都是用來靜思冥想的，讓人體悟生命的實相，這令我發現原來東西方宗教都有共通處——不淨觀，讓世人去除對肉體的執著，人骨教堂的骷髏頭其實正是很好的教材，因為它提醒我們在安適生活的當下觀照死亡、念無常、念生命的短暫變化，不要沉溺於縱欲和縱樂，應把握生命當下。

不單在葡萄牙有人骨教堂，據我了解，歐洲最著名的是捷克擁有四萬副骸骨的人骨教堂。許多去過的人，說那裡的氣氛最恐怖，因為捷克的這座人骨教堂，其中許多人是被屠殺而死的，大概這樣的原因，去的人都已經有恐懼的心理，所以都有種恐怖感。

在奧地利的 Hallstatt 也有人骨教堂，規模比較小，大約只有一千二百個骷髏頭，其中一半在頭上寫有名字，知道屬於哪個家族。經過的當天，我親眼見到當地的老師們帶著數十位小朋友們到此戶外教學，參觀人骨教堂，這種從小就讓孩童認識死亡的真相，知道要珍惜生命，是很好的生命教育課程。反觀中國人覺得墳墓、墓地不吉祥，如果老師帶小學生去墓地教學，肯定被家長砲轟，認為驚嚇小孩，這真是太小看現代的小孩。只

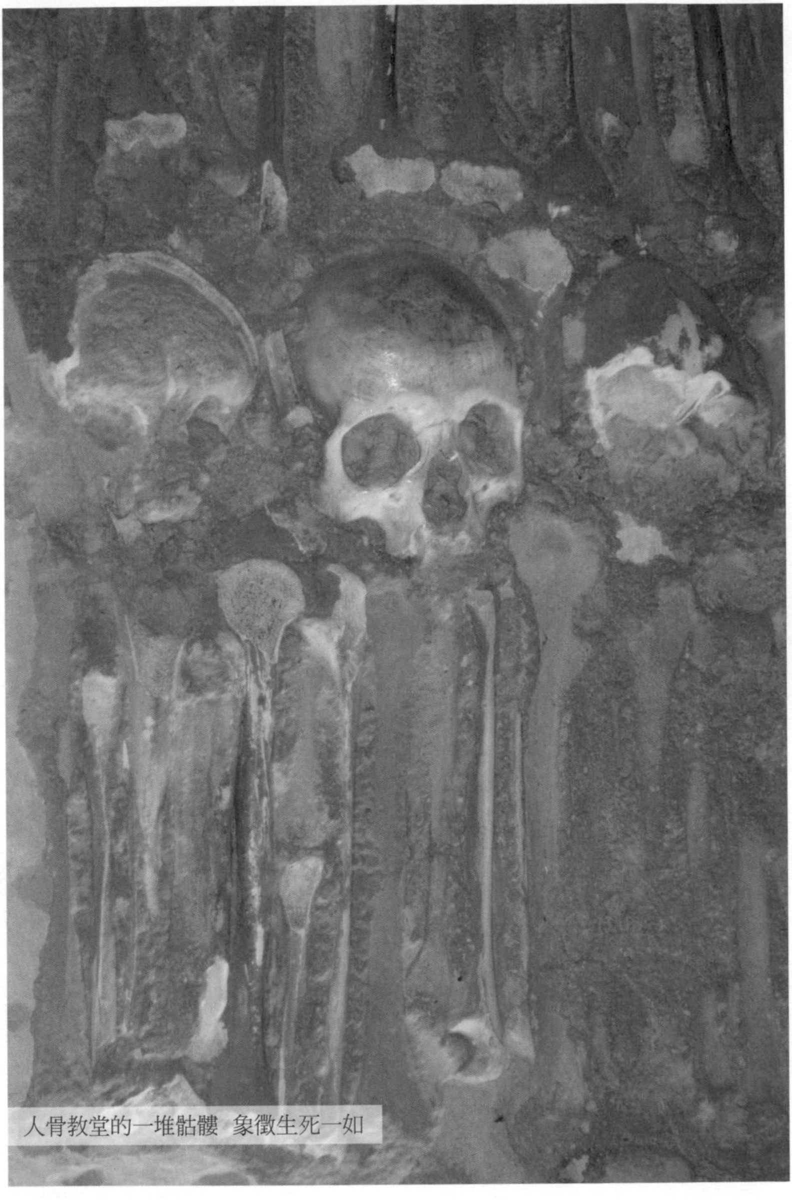

人骨教堂的一堆骷髏　象徵生死一如

要給予正確的生命觀念，生命會自己成長和找出出路。我對於奧地利的老師們實際教學法大為讚歎，死亡是生命的真實相，愈早認識就愈能夠無畏。當天我也看到全家人一同來參觀，父母親攜同小孩，一邊為其解說，這真是一堂很好的親子生命教育，從小就讓小孩能正確了解死亡，不害怕骷髏頭，也沒有所謂的人死後變「鬼」的恐懼感。

我在葡萄牙的人骨教堂最前方解說牌上，看到一則英文和葡文啟示，頗有警示、提醒的意味，簡譯如下：「看看你行色匆匆！停止！不要再向前衝了。沒有其他事比現在你眼前看到的還更重要。記住有多少人在此，想想有一天你也會有相同的結局，好好想想，觀看此就有足夠理由省思，你是多麼幸運現在還活著。在全世界所有事物裡，你對死亡思考得這麼少。如果你張大雙眼凝視，你就會停歇腳步，在死亡這件事，你思考得愈多，你得到的啟發會更多。」

細想短暫人生數十年，看看這些曾經叱吒風雲的人物，而今安在哉！不過是人骨教堂裡的一堆骷髏，確實「我們在等著你」，「總有一天等到你」，慎思生命無常，應及時把握當下！

肉身不壞的修女

那韋爾市區教堂

遠方的友人來法國旅行，想要去看看法國著名的肉身不壞修女。在義工麗珠的開車陪同下，我也一同前往，去瞻仰這位異國的肉身不壞菩薩。開車將近三個小時，我們終於到達了目的地，法國的那韋爾（Nevers）。

剛踏入寺院，感受到一片寧靜安詳的氣氛，入口不遠處，就有一座修女生前修道時遇到聖母顯聖的紀念處，恰好遇上了一團天主教的信眾在前面唱讚美的聖歌，我們佇立一旁聆聽。不一會修道院的人員就熱心地來帶領我們參觀這座聖女貝爾納黛特出家的寺院。第一個參觀的地方是保留其生前文物的博物館，博物館不大，令我驚訝的是，一進門就看見這位修女的影像在一片玻璃上，隨即燈光閃爍又顯示出聖母的像，其次顯現的是耶穌的像，最後顯現出大眾的像。

帶領的人告訴我，這是代表修女三次見到景象的順序，也就是先見到聖母顯靈，然後見到耶穌，最後一次是修女說：「我看見了大家。」我頓時一愣，這句話，我相信是菩薩看見了眾生的苦難，因此才會發起救苦救難之心。誠如《妙法蓮華經普門品》云：「慈眼視眾生，福聚海無量。」那就是菩薩看見了眾生。

我體會到真理的精神在東西方宗教都相同，家師星雲大師一生以「我在眾中，眾中有我」自勉，有眾，就有力量，我在眾中，眾緣成就，成就「佛光普照三千界，法水長流五大洲」。這位肉身不壞的修女體悟了真理，「我看見了大家」就是心中有眾生。佛法云「佛法在眾生身上求」，沒有大眾就沒有道可修，修道不能離開大眾，因為有慈悲心，眼中看到眾生的苦難，不忍眾生苦，因此菩薩發起了大悲心要救世。大眾是成就道業的重要因緣，沒有大眾哪來的佛道可言呢？

看過博物館，帶領者最後帶我們去教堂內瞻仰聖女永恆微笑的面容，並介紹修女的

肉身不壞的修女貝爾納黛特像

肉身不壞修女玻璃棺

生平讓我們了解。貝爾納黛特曾是法國盧爾德的一名美麗的農村少女，十四歲時，她第一次夢見了聖母瑪利亞，後來又多次夢見她。不久，貝爾納黛特便離開家人，進入那韋爾的修道院，也就是如今她的遺體所在之處。一八六六年七月七日她抵達了修道院，住在這裡十三年的時間。貝爾納黛特修女生前不認識字，到修道院時正式學法文，雖然不懂得字卻能誦經很流暢，她負責的工作為護士的助理，一步步學習，最後負責醫療護理方面工作和香燈。最後四年，她生重病了，一八七九年四月十六日往生，於一八七九年安葬。

屍體在經過一百二十六年之後，照常理而言遺體應該只剩下骨架。醫生數次檢查，儘管她的項鍊已經鏽痕斑斑，手裡握的念珠已經生鏽，她的遺體卻保存得相當完好：皮膚柔軟而富有彈性，面容栩栩如生，始終保持著微微的笑意，這微笑已經保持了一百二十六年，她交錯在胸前的雙手很完美，沒有任何腐爛的跡象。因此被稱為法國「不朽的聖女」。

這名性格溫和的修女，一生體弱多病，三十五歲就逝世，但她卻使周圍人經常感受到鼓舞。她的遺體將過去與現在連接在一起，她是溫和與謙恭的楷模。在天主教會正式封她為聖徒前，所有認識貝爾納黛特的人都認為她是聖人。

在博物館的參觀結束前，我看到牆上一幅圓形白色的圖，上面有一句法文，詢問後了解，原來是修女生前最後寫下的字：「我不會忘記大家。」這句話太令人感動了，這不就是菩薩精神嗎？心心念念都是大眾，相信不會忘記大家的菩薩也會乘願再來覺悟有情眾生，這位肉身不壞的修女菩薩就像六祖惠能大師、彌勒內院的慈航菩薩一樣令人千古懷念。

葡萄牙的六月雪

葡萄牙的吉祥物巴塞羅斯公雞

在葡萄牙看到最多的就是公雞的標誌，大街小巷都會看到它的蹤跡，葡萄牙人也喜歡以小公雞的紀念品送人。我剛到葡國的時候，還以為是保持鄉下的傳統，後來經過會長金毅的解說，我才恍然大悟，原來這就是葡萄牙版的「六月雪」呢！

會長說這隻公雞叫做巴塞羅斯（Barcelos）公雞，巴塞羅斯是葡萄牙北部的一個小村鎮。十四世紀時，一位從西班牙加里西亞來到此地的朝聖者，無辜地捲入當地一樁謀殺案，而被誤認為兇手，被以莫須有的罪名判處了絞刑，儘管他多次要求上訴，但法官都拒絕見他。行刑的那一晚，朝聖者被允許在執刑前能有最後一願。「如果能夠，請讓我死前能有機會再見法官最後一面。」朝聖者提出了他的要求，法官終於答應要召見他。

當這個人去見法官的時候，法官那時正在官邸大宴賓客，當他看見朝聖者被帶到眼前來，不悅地說：「快死的人啊！你來做什麼？」

朝聖者急於表明自己的清白，他伸出手指，指著宴席上烤得金黃油亮的一隻烤雞，然後對法官說：「法官大人，我是無辜啊！我實在沒有殺人，我是無罪的。我確定自己的清白，就像桌上這隻油亮的烤雞。聖雅各請可憐我，請你顯聖，在我被套上絞繩行刑前，讓桌上這隻雄雞站起來，大聲鳴叫，替我喊冤吧！」

法官聽了朝聖者的話，隨即哈哈大笑：「怎麼可能，烤過的雞會啼叫？你簡直痴人說夢話！」然而就在他發出嘲笑的那一瞬間，桌上的烤雞果真從盤子裡站起來，還發生一陣陣高昂的雞鳴……。

在場的人，連同法官，莫不相信朝聖者的話，當場還他清白，朝聖者因此得以挽回生命，而「雄雞傳說」也就從那時一直留傳下來。

朝聖者被釋放了幾年後，再次重返巴塞羅斯，為了感謝救他一命的聖雅各，他在當地的教堂旁特別打造了一支石製的十字架，十字架的架身上還刻上「雄雞傳說」的生動刻紋，這根十字架與傳說一樣被保存下來，如今仍栩栩如生立在巴塞羅斯的教堂邊。

這一傳說在葡萄牙家喻戶曉、婦孺皆知，那隻巴塞羅斯公雞也由此成為了信任、公正和好運的象徵，葡萄牙的民間藝人將牠做成藝術品，代代相傳，而歐洲盃足球賽的標誌

葡萄牙的彩色瓷器

Obidos 古城 陶瓷紀念品

中，有一顆心的創意就來自巴塞羅斯公雞身上的那顆心，同時也表示了葡萄牙人對生活和足球的熱愛。

聽聞這個葡萄牙版的「六月雪」，雖然有人覺得這是不可思議的一件事，但是我相信這是葡萄牙的人心顯示，渴望公平、公正的法律，相信一切有因果業報。就像中國版的六月飛雪顯奇冤的史實，懲罰了貪贓枉法的官吏，顯示了東西方人心都相同，希望冤案得到平反昭雪，殺人者得到應有的懲罰。所謂「天網恢恢，疏而不漏」，天理良心，因果報應，在二十一世紀還是廣為人心所繫。

Obidos 古城的特色建築物

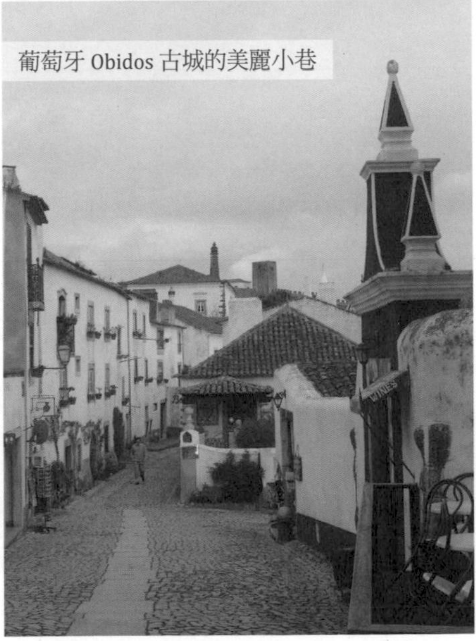
葡萄牙 Obidos 古城的美麗小巷

大橋上的宗教情操

被歌德稱為「歐洲王冠上寶石」的布拉格查理大橋
哥德式的美麗建築猶如一座文化大橋

到布拉格去參訪，查理大橋是任何人都不會錯過的經典景點。被歌德稱為「歐洲王冠上寶石」的布拉格，查理大橋就是寶石上閃亮的尖點處。這座大橋原名「布拉格大橋」，直至國王查理四世的時代，才正式被改名為查理大橋。

我一共來回走了兩趟查理大橋，雖然布拉格協會的理事們很熱心地要帶我去附近的著名古堡走走，不過因為這座大橋實在有太多的歷史事蹟值得探索，因此還是走回到橋上去欣賞一番。

查理大橋是東歐最古老的石橋，其歷史可追溯至十二世紀，於一一五八年建造，一三四二年時因洪水毀壞，一三五七年查理四世委託年方二十七歲的新進建築師 Peter Parler 設計一座堅固的石橋，於一四〇六年完成。全長五百二十公尺，寬九點四公尺，由橋的一端走到另一端大約需要十分鐘。之後四百年間，它一直是伏爾塔瓦河上唯一的橋梁，連繫著布拉格的雙城，在居民的生活中扮演著重要的角色，不只是兩岸經濟和交通命脈，也是公眾裁判和處刑的場所。

查理大橋在建築初期並無任何裝飾藝術品，只有一個十字架悄悄地立在橋上，後來人們在橋上加建了三十多個巴洛克式的雕像，而最早豎立於橋上的就是納波穆克聖約翰（St. John Nepomuk）的聖像。據說他生前曾聆聽 Bohemia 王后的告解，後來被國王逼迫詢問關於王后懺悔的內容，納波穆克因堅持為王后守秘密，雖被國王嚴加拷問，主教仍然不願意說出秘密，結果於一三九三年的五月十五日，被人從查理大橋拋進河中殉教，後來納波穆克被封為聖人，而他的雕像亦在一六八三年被豎立在橋上。

目前橋中央聖約翰的聖像下方仍有一幅銅鑄組畫，右邊雕像中的婦女即是王后在向其教父納波穆克主教懺悔，手持寶劍的將軍眼神兇狠地對著王后和小王子，城牆上一排士兵欲將主教拋往城下。雕像上面的主教那顆被倒立的頭顱，在遊人不斷地摸撫後變得晶亮無比。我想人們爭相撫摸主教雕像主要是在表達敬慕之情，敬慕其信守教義和忠誠的精神，就像中國人喜歡雕塑關公像，讚歎其忠義精神是一樣的道理。

另有不同的官方說法是，納波穆克聖約翰成為布拉格教區的總主教後，當時羅馬帝國

納波穆克在查理大橋被拋進河中殉教

殉教主教納波穆克聖約翰的聖像

的溫塞斯拉斯國王利用神職當做酬庸，某次聖約翰得知溫塞斯拉斯要用一個不夠資格的人當院長，就提早和修士們選出新的院長，於是惹惱了溫塞斯拉斯，因此被焚燒丟入伏爾塔瓦河，無論是為王后保密或是堅持法治的精神，都是令人感佩的。

從十四世紀到二十一世紀，這座大橋來往無數的人，從不同的語言所發出的讚歎，從不同的國界走向這座大橋，從老少到年輕，從殘缺到健全，從古代到摩登的現代，從東方到西方，查理大橋這座哥德式的美麗建築，猶如一座文化大橋貫穿古今，延續未來，讓所有人都能欣賞到人類藝術建設的瑰寶。

除了文化的精神延續，大橋因為有了偉大的殉教者精神，增加了宗教的情操。我相信無論哪一個宗教，其虔誠和信仰是一致的，真善美的心靈生活，是每個人都仰慕的，東西方皆同。大橋因三十尊雕像，更加地令人懷念先賢精神，也因為這座查理大橋，讓布拉格成為了歐洲閃亮王冠上的寶石。

1查理大橋：據說查里大橋是於一三五七年七月九日早上五點三十一分開始興建，查理國王放下第一塊基石。1、3、5、7、9、7、5、3、1是查理國王問過星相學家後的決定。站在城裡看橋，查理大橋像一根碧玉的簪子，簪在伏爾塔瓦河碧波盪漾的鬢角。

2伏爾塔瓦河：捷克音樂之父史麥塔納的交響樂創作《我的祖國》，其中的第二樂章〈伏爾塔瓦河〉，是描繪發源於森林，貫穿波西米亞平原，滾滾而流的伏爾塔瓦河景象。樂曲開始於兩條源泉：一條溫熱活潑，另一條清澈冷冽，分別由長笛和豎笛表現。

江海月現 貳

人間文學074

世界之心看歐洲

作　　者　滿謙法師
照片提供　滿謙法師

總 編 輯　賴瀅如
主　　編　田美玲
編　　輯　蔡惠琪
美術設計　蔡佩旻

出版・發行　香海文化事業有限公司
發 行 人　慈容法師
執 行 長　妙蘊法師

地　　址　241新北市三重區三和路三段117號6樓
　　　　　110臺北市信義區松隆路327號9樓
電　　話　(02)2971-6868
傳　　真　(02)2971-6577
香海悅讀網　www.gandha.com.tw
電子信箱　gandha@gandha.com.tw
劃撥帳號　19110467
戶　　名　香海文化事業有限公司

總 經 銷　時報文化出版企業股份有限公司
地　　址　333桃園縣龜山鄉萬壽路二段351號
電　　話　(02)2306-6842

法律顧問　舒建中、毛英富
登 記 證　局版北市業字第1107號
定　　價　新臺幣380元
出　　版　2020年11初版一刷
I S B N　978-986-99122-2-8
建議分類　散文｜歐洲人文｜人間佛教

國家圖書館出版品預行編目(CIP)資料

世界之心看歐洲 / 滿謙法師著. -- 初版. -- 新北市 :
香海文化, 2020.11
352面 ; 14.8×21公分. -- (人間文學 ; 074)
1.散文 2.歐洲人文 3.人間佛教
ISBN 978-986-99122-2-8(平裝). --
224.519　　109012570